D1754257

Sabine Riegler

Der Stellenwert des Bezugsrechts bei Kapitalerhöhungen in Österreich 2000-2009

Diplomica Verlag GmbH

Riegler, Sabine: Der Stellenwert des Bezugsrechts bei Kapitalerhöhungen in Österreich
2000-2009. Hamburg, Diplomica Verlag GmbH 2013

Buch-ISBN: 978-3-8428-9494-5
PDF-eBook-ISBN: 978-3-8428-4494-0
Druck/Herstellung: Diplomica® Verlag GmbH, Hamburg, 2013

Bibliografische Information der Deutschen Nationalbibliothek:
Die Deutsche Nationalbibliothek verzeichnet diese Publikation in der Deutschen
Nationalbibliografie; detaillierte bibliografische Daten sind im Internet über
http://dnb.d-nb.de abrufbar.

Das Werk einschließlich aller seiner Teile ist urheberrechtlich geschützt. Jede Verwertung
außerhalb der Grenzen des Urheberrechtsgesetzes ist ohne Zustimmung des Verlages
unzulässig und strafbar. Dies gilt insbesondere für Vervielfältigungen, Übersetzungen,
Mikroverfilmungen und die Einspeicherung und Bearbeitung in elektronischen Systemen.

Die Wiedergabe von Gebrauchsnamen, Handelsnamen, Warenbezeichnungen usw. in
diesem Werk berechtigt auch ohne besondere Kennzeichnung nicht zu der Annahme,
dass solche Namen im Sinne der Warenzeichen- und Markenschutz-Gesetzgebung als frei
zu betrachten wären und daher von jedermann benutzt werden dürften.

Die Informationen in diesem Werk wurden mit Sorgfalt erarbeitet. Dennoch können
Fehler nicht vollständig ausgeschlossen werden und die Diplomica Verlag GmbH, die
Autoren oder Übersetzer übernehmen keine juristische Verantwortung oder irgendeine
Haftung für evtl. verbliebene fehlerhafte Angaben und deren Folgen.

Alle Rechte vorbehalten

© Diplomica Verlag GmbH
Hermannstal 119k, 22119 Hamburg
http://www.diplomica-verlag.de, Hamburg 2013
Printed in Germany

Inhaltsverzeichnis

INHALTSVERZEICHNIS		**I**
ABBILDUNGSVERZEICHNIS		**IV**
TABELLENVERZEICHNIS		**V**
ABKÜRZUNGSVERZEICHNIS		**VI**
1	**EINLEITUNG**	**1**
	1.1 Problemstellung und Zielsetzung der Untersuchung	1
	1.2 Aufbau des Buches	1
2	**AKTIENGESELLSCHAFT, AKTIEN UND AKTIONÄRE**	**3**
3	**DAS BEZUGSRECHT**	**6**
	3.1 Das gesetzliche Bezugsrecht	6
	3.2 Das mittelbare Bezugsrecht	8
	3.3 Bezugsberechtigte	9
	3.4 Bezugsrecht und Aktiengattungen	10
	3.5 Wert des Bezugsrechts	12
	3.6 Das Bezugsverhältnis	13
	3.7 Der Bezugskurs	14
	3.8 Bedeutung des Bezugsrechts für Aktionäre	15
	3.8.1 *Kapitalverwässerungsschutz*	*15*
	3.8.2 *Schutz vor Stimmrechtsverwässerung*	*16*
	3.8.3 *Opération Blanche*	*17*
4	**ENTSTEHUNG UND ABWICKLUNG DES BEZUGSRECHTS**	**19**
	4.1 Bedingungen für die Entstehung eines Bezugsrechts	19
	4.1.1 *Die ordentliche Kapitalerhöhung*	*20*
	4.1.2 *Die bedingte Kapitalerhöhung*	*21*
	4.1.3 *Das genehmigte Kapital*	*23*
	4.1.4 *Das genehmigte bedingte Kapital*	*24*
	4.2 Abwicklung des Bezugsrechts	25
	4.2.1 *Kapitalerhöhungsbeschluss*	*26*
	4.2.2 *Bekanntmachung*	*26*
	4.2.3 *Ausübung des Bezugsrechts*	*27*
	4.2.3.1 Berechtigung durch Legitimation	27
	4.2.3.2 Bezugserklärung	28
	4.2.4 *Verwertung des Bezugsrechts bei Nichtinanspruchnahme*	*29*
	4.2.4.1 Übertragung durch Zession	29

	4.2.4.2	Bezugsrechtshandel	30
	4.2.5	*Ausübungsfrist des Bezugsrechts*	*31*
	4.2.5.1	Fristbestimmung	31
	4.2.5.2	Rechtsfolgen bei Fristablauf	32
	4.2.6	*Zeichnung der neuen Aktien*	*33*
4.3		**VERLETZUNG DES BEZUGSRECHTS**	34
	4.3.1	*Entstehung einer Verletzung des Bezugsrechts*	*34*
	4.3.2	*Rechtsfolgen bei Verletzung des Bezugsrechts*	*35*

5 DER BEZUGSRECHTSAUSSCHLUSS 37

5.1		**UNTERSCHIEDLICHE INTERESSENSGRUPPEN**	37
	5.1.1	*Theoretischer Hintergrund*	*38*
	5.1.1.1	Stakeholder versus Shareholder	38
	5.1.1.2	Prinzipal-Agenten-Theorie	39
	5.1.2	*Interessen der Organe der Aktiengesellschaft*	*40*
	5.1.2.1	Interessen des Vorstands	40
	5.1.2.2	Interessen des Aufsichtsrats	41
	5.1.2.3	Interessen der Hauptversammlung	41
5.2		**GESETZLICHE ANFORDERUNGEN AN DIE DURCHFÜHRUNG EINES WIRKSAMEN BEZUGSRECHTSAUSSCHLUSSES**	42
	5.2.1	*Allgemeine gesetzliche Gründe für einen Bezugsrechtsausschluss*	*43*
	5.2.1.1	Sachliche Rechtfertigung	43
	5.2.1.2	Barkapitalerhöhung	46
	5.2.1.3	Sachkapitalerhöhung	48
	5.2.2	*Anforderungen an die Beschlussfassung*	*49*
	5.2.3	*Anforderungen an den Bericht des Vorstands bei einem Bezugsrechtsausschluss*	*51*
5.3		**SPEZIFISCHE GRÜNDE UND RAHMENBEDINGUNGEN FÜR DEN BEZUGSRECHTSAUSSCHLUSS**	54
	5.3.1	*Bezugsrechtsausschluss bei der ordentlichen Kapitalerhöhung*	*54*
	5.3.2	*Bezugsrechtsausschluss beim genehmigten Kapital*	*54*
	5.3.3	*Bezugsrechtsausschluss bei der bedingten Kapitalerhöhung*	*56*
	5.3.4	*Bezugsrechtsausschluss beim genehmigten bedingten Kapital*	*57*
5.4		**UNSACHGEMÄßER BEZUGSRECHTSAUSSCHLUSS UND DESSEN FOLGEN**	58
	5.4.1	*Definition eines unsachgemäßen Bezugsrechtsausschlusses*	*58*
	5.4.2	*Rechtsfolgen bei einem unsachgemäßen Bezugsrechtsausschluss*	*58*

6 EMPIRISCHE UNTERSUCHUNG 60

6.1		**ZIEL DER UNTERSUCHUNG UND UNTERSUCHUNGSDURCHFÜHRUNG**	60
6.2		**ERGEBNISSE DER EMPIRISCHEN UNTERSUCHUNG**	61
	6.2.1	*Kapitalerhöhungen und Bezugsrecht*	*61*
	6.2.2	*Bezugsrecht und Bezugsrechtshandel*	*63*
	6.2.3	*Entwicklung des Bezugsrechts und Bezugsrechtshandels*	*65*
	6.2.4	*Inanspruchnahme des Bezugsrechts*	*66*

6.2.5	Verkauf des Bezugsrechts	68
6.2.6	Verteilung der gehandelten Bezugsrechte über den Zeitraum des Bezugsrechtshandels	70
6.2.7	Wert des Bezugsrechts	71
6.2.8	Gründe für einen Bezugsrechtsausschluss	73
6.2.9	Branchenanalyse	75
6.2.10	Bedeutung des Bezugsverhältnisses	80
6.2.11	Underpricing	84

7 SCHLUSSBETRACHTUNG UND ABSCHLIEßENDE BEURTEILUNG DER BEDEUTUNG DES BEZUGSRECHTS IN ÖSTERREICH ... 87

LITERATURVERZEICHNIS ... 89

ANHANG ... 105

Abbildungsverzeichnis

Abbildung 1: Interessensgruppen in Aktiengesellschaften 38
Abbildung 2: Entwicklung der Kapitalerhöhung mit BR und BRH 65
Abbildung 3: Vergleich der Handelstage mit dem höchsten Handelsvolumen 70
Abbildung 4: Vergleich des errechneten und des tatsächlichen Bezugsrechtswerts........... 72
Abbildung 5: Branchenvergleich: Equity Market und Unternehmen mit KEH 76
Abbildung 6: KEH gesamt, nur BR und BR mit BRH nach Branchen gegliedert 78
Abbildung 7: Vergleich der Subbranchen der Branche Finanzwesen 79
Abbildung 8: Jahresvergleich der durchschnittlich benötigten Aktien für eine neue
                 Aktie 81
Abbildung 9: Jahresvergleich des Bezugsverhältnisses mit und ohne BRH 83
Abbildung 10: Vergleich des Bezugsverhältnisses 83
Abbildung 11: Vergleich des Bezugspreises mit dem Erstnotizpreis 85

Tabellenverzeichnis

Tabelle 1: Kapitalerhöhungen mit und ohne Bezugsrecht 62
Tabelle 2: Kapitalerhöhungen mit BR und mit BRH 63
Tabelle 3: Inanspruchnahme des Bezugsrechts 67
Tabelle 4: Zusammenfassung der gehandelten Bezugsrechte 69
Tabelle 5: Motive für einen Bezugsrechtsausschluss 74
Tabelle 6: Aufschlüsselung von KEH, BR, BRH nach Branchen 77
Tabelle 7: Verzeichnis der in die Auswertung einbezogenen Kapitalerhöhungen 108
Tabelle 8: Statements zur Inanspruchnahme der Bezugsrechte 110
Tabelle 9: Gehandelte Bezugsrechte 113
Tabelle 10: Vergleich des errechneten und tatsächlichen Werts des Bezugsrechts 116
Tabelle 11: Einteilung des Equity Markets in Branchen und Subbranchen 120
Tabelle 12: Prozentuelle Verteilung der Branchen am Equity Market 120
Tabelle 13: Einteilung der Unternehmen mit KEH in Branchen und Subbranchen 124
Tabelle 14: Vergleich des Bezugspreises mit dem Erstnotizpreis 127

Abkürzungsverzeichnis

A	Aktien
ABB	Allgemeine Bedingungen für Bankgeschäfte
ABGB	Allgemeines bürgerliches Gesetzbuch
Abs	Absatz
AG	Aktiengesellschaft
AKT	Aktionäre
AktG	Aktiengesetz
AR	Aufsichtsrat
BR	Bezugsrecht
BRH	Bezugsrechtshandel
BV	Bezugsverhältnis
BWG	Bankwesengesetz
bzw.	beziehungsweise
ca.	circa
d.h.	das heißt
Erre. BR	Errechnetes Bezugsrecht
Et. al.	Et alii
f.	folgende
ff.	fortfolgende
FW	Finanzwesen
gem.	gemäß
GHW	Gesundheitswesen
GI	Grundindustrie
GmbH	Gesellschaft mit beschränkter Haftung
GS	Genussscheine
hrsg.	herausgegeben
HV	Hauptversammlung
IG & DL	Industriegüter & Dienstleistungen
IPO	Initial Public Offering
kA	Keine Angabe
KEH	Kapitalerhöhung

KG		Konsumgüter
lt.		laut
M&A		Mergers and Acquisitions
ÖCGK		Österreichischer Corporate Governance Kodex
OGH		Oberster Gerichtshof
reBR		Rechnerisches Bezugsrecht
T & T		Technologie & Telekom
Tats. BR		Tatsächliches Bezugsrecht
UGB		Unternehmensgesetzbuch
V		Vorstand
VBD		Verbraucherdienste
vgl.		vergleiche
VS		Versorger
WM		Wertpapier-Mitteilungen - Zeitschrift für Wirtschafts- und Bankrecht
z.B.		Zum Beispiel
zfbf		Schmalenbachs Zeitschrift für betriebswirtschaftliche Forschung

1 Einleitung

1.1 Problemstellung und Zielsetzung der Untersuchung

Das Bezugsrecht ermöglicht Anteilseignern von Unternehmen neue Anteile zu beziehen, wenn das ursprüngliche Kapital aufgestockt wird. Allgemein gibt es dieses Grundrecht sowohl bei einer Gesellschaft mit beschränkter Haftung (GmbH) als auch bei einer Aktiengesellschaft (AG) im Rahmen einer Erhöhung des Kapitals und es soll den bisherigen Teilhabern die Möglichkeit bieten, an dieser Aufstockung des Kapitals teilzunehmen, um das Ausmaß ihrer Beteiligung an der Unternehmung aufrechtzuerhalten.[1]

In der vorliegenden Untersuchung wird aber ausschließlich auf das Bezugsrecht der Aktionäre in einer Aktiengesellschaft eingegangen, da hier dieses Mitgliedschaftsrecht für die Aktionäre von Gesetzes wegen vorgeschrieben wird und nur in Ausnahmefällen verwehrt werden kann.[2] Bei der GmbH wird gesetzlich hingegen lediglich ein sogenanntes Vorrecht im Rahmen einer Kapitalerhöhung vorgesehen, sofern im Gesellschaftsvertrag oder im Erhöhungsbeschluss keine anderen Bestimmungen festgesetzt worden sind.[3]

Ziel dieser Studie ist es, zuerst einen theoretischen und gesetzlichen Hintergrund rund um das Bezugsrecht bei Aktiengesellschaften in Österreich zu geben, wobei aufgrund des Bezugs zu Österreich nur österreichische Gesetze angegeben werden.[4] Darauf aufbauend wird die Bedeutung des Bezugsrechts in Österreich näher betrachtet, wofür alle Kapitalerhöhungen, die in Österreich gegen Bareinlagen zwischen 2000 und 2009 durchgeführt wurden, untersucht werden.

1.2 Aufbau des Buches

Die vorliegende Untersuchung gibt, aufbauend auf der Einleitung in Kapitel 2, eine allgemeine Übersicht über die Struktur von Aktiengesellschaften. In diesem Rahmen werden auch die Rechte und Pflichten von Aktionären beschrieben, worunter auch das Bezugsrecht für die Anteilseigner fällt.

---

[1] Vgl. Rudolph, 2006, 312f; Jula, 2009, 141f.
[2] Vgl. Grohmann, 2006, 293ff.
[3] Vgl. Roth, 1992b, 752f; Jula, 2009, 141ff.
[4] Obwohl im vorliegenden Buch nur die österreichischen Gesetze herangezogen werden, wird dennoch Literatur aus dem gesamten deutsch- und englischsprachigen Raum verwendet, soweit diese den österreichischen Begebenheiten entsprechen.

Nach den allgemeinen Informationen über Aktiengesellschaften im vorangegangenen Kapitel beschäftigt sich das Kapitel 3 mit den allgemeinen Bedingungen des Bezugsrechts. Ausgehend vom gesetzlichen Bezugsrecht wird erläutert, wie dieses Recht generell ausgestaltet ist. Zusätzlich wird auch dessen Bedeutung anhand des Kapitalverwässerungsschutzes und des Schutzes vor einer Stimmrechtsverwässerung analysiert.

Kapitel 4 hat die Entstehung und Abwicklung des Bezugsrechts zum zentralen Thema. Ausgehend von einer kurzen Darstellung jener Kapitalerhöhungsformen, die im Rahmen der Erhöhung des Grundkapitals ein Bezugsrecht mit sich bringen, wird anschließend die Abwicklung des Bezugsrechts Schritt für Schritt dargestellt. Die Verletzung des Bezugsrechts durch etwaige Verfahrensfehler bildet den Abschluss dieses Kapitels.

Der Bezugsrechtsausschluss stellt für die Aktionäre einen wesentlichen Eingriff in deren Mitgliedschaftsrechte dar und wird in Kapitel 5 näher charakterisiert. Hier werden zuerst allgemeine Ausschlussgründe herausgearbeitet und die allgemein gültigen Bedingungen veranschaulicht, bevor auf kapitalformabhängige Gründe und Bedingungen eingegangen wird. Diese werden dann noch mit Informationen bezüglich eines unsachgemäßen Bezugsrechtsausschlusses vervollständigt.

Kapitel 6 enthält schließlich den empirischen Teil dieser Studie, in dessen Rahmen die Bedeutung des Bezugsrechts für Aktionäre in Österreich analysiert und bewertet wird; untersucht wurden hierfür jene Unternehmen, die zwischen 2000 und 2009 eine Kapitalerhöhung gegen Bareinlagen durchgeführt haben. Die Analyse erstreckt sich von einer einfachen Einteilung der Kapitalerhöhung mit und ohne Bezugsrecht und mit Bezugsrecht mit und ohne Bezugsrechtshandel bis zur Klassifizierung dieser innerhalb von Branchen. Zusätzlich werden auch die Gründe für einen Ausschluss sowie die Bedeutung des Bezugsverhältnisses thematisiert. Des Weiteren werden anhand einer Studie von Röder/Dorfleitner der Wert des Bezugsrechts bezüglich einer Unterbewertung analysiert. Ebenso wird auch der Bezugskurs hinsichtlich der Theorie des Underpricings untersucht.

Im abschließenden Kapitel 7 folgen noch eine kurze Zusammenfassung der Thematik sowie eine abschließende Beurteilung der Bedeutung des Bezugsrechts aufgrund der Ergebnisse der hier vorliegenden empirischen Untersuchung.

2 Aktiengesellschaft, Aktien und Aktionäre

Die Aktiengesellschaft zählt allgemein zu den Kapitalgesellschaften, da die bloße Kapitalbeteiligung der Gesellschafter im Vordergrund steht. Im Gegensatz zur Personengesellschaft sind bei der Kapitalgesellschaft weder persönliche Kontakte zwischen den Beteiligten noch deren Mitarbeit für das Fortbestehen der Gesellschaft von Bedeutung.[5] Diese Gesellschaftsform wird außerdem durch eine eigene Rechtspersönlichkeit charakterisiert, bei der die Gesellschafter mit ihren Einlagen lediglich Anteile des zerlegten Grundkapitals erwerben, ohne persönlich für die Verbindlichkeiten der Aktiengesellschaft zu haften.[6] Eine Aktiengesellschaft zeichnet sich vor allem dadurch aus, dass dieses Unternehmen verbriefte Eigentumsrechte der Aktiengesellschaft in Form von Aktien (=Anteilen)[7] ausgibt. Durch den Erwerb von Aktien[8] wird der sogenannte Aktionär zu einem Anteilseigner der Aktiengesellschaft[9], wodurch für ihn diverse Rechte und Pflichten entstehen.[10]

---

[5] Vgl. Roth, 1992c, 617.
[6] Vgl. Jacobs, 1994, 15f; Korndörfer, 2003, 76ff; Lechner/Egger/Schauer, 2006, 172f; Töpfer, 2007, 296f; Raguss, 2009, 2f.
[7] Gem. dem österreichischen AktG 1965 (idF 1. Euro-Justiz-Begleitgesetz, BGBl. I Nr. 125/1998) dürfen österreichische Aktiengesellschaften bei der Kapitalaufteilung nur Nennbetragsaktien oder Stückbetragsaktien ausgeben, wobei beide Arten nie nebeneinander bestehen dürfen (§ 8 Abs 1 AktG). Nennbetragsaktien lauten gem. § 8 Abs 2 AktG auf einen bestimmten Nennbetrag, oder auch Nominale genannt, der mindestens 1 € oder ein Vielfaches davon beträgt. Während sich bei Nennbetragsaktien der Anteil am Grundkapital durch das Verhältnis des Nennbetrags zum Grundkapital ergibt (Abs 2), wird dieser bei Stückaktien (auch Quotenaktien genannt) durch die Anzahl der gehaltenen Aktien bestimmt, da jede Stückaktie in gleichem Umfang am Grundkapital beteiligt ist (Abs 3). Neben der Voraussetzung, dass sowohl jede Nennbetragsaktie als auch jede Stückaktie mindestens 1 € lauten muss und weder unter dem Nominale noch des anteiligen Betrags des Grundkapitals ausgegeben werden darf, besteht die gesetzliche Verpflichtung gem. § 7 AktG, dass das Grundkapital mindestens einen Betrag von 70.000 € aufweisen muss. – vgl. Neu, 2004, 193ff; Geist, 2006a, 101ff; Geist, 2006b, 104ff; Lechner/Egger/Schauer, 2006, 243; Hierl/Huber, 2008, 52f.
[8] Im Rahmen des Handels mit Aktien entstehen für den Aktionär diverse Gebühren und Provisionen sowie eine Depotgebühr für die Verwaltung seiner Anteile über eine Bank oder Ähnliches. Auf diese Kosten soll im Rahmen dieser Untersuchung nicht näher eingegangen werden, weil sie je nach Kreditinstitut variieren. Allgemein wird aber mindestens rund ein Prozent des Aktienkurses als Provision verlangt. – vgl. Schwanfelder, 2007, 85; Lindmayer, 2009, 92.
[9] Im Rahmen der Übertragbarkeit der Aktien unterscheidet man lt. § 10 AktG zwischen Inhaber- und Namensaktien. Bei Inhaberaktien kann eine einfache Übertragung durch die Übergabe der Urkunde erfolgen, weil immer derjenige der Inhaber der Anteile ist, der das Inhaberpapier besitzt. Bei Namensaktien ist die Übertragung hingegen gem. § 61 AktG nur durch Indossament – schriftliche Erklärung – oder Zession – Sicherungsabtretung – möglich. Dies bedeutet, dass Namensaktien nur durch die Übergabe des Orderpapiers inklusive einer Namensänderung übereignet werden können und dies zusätzlich im Aktienbuch vermerkt werden muss, damit der neue Aktionär die volle mitgliedschaftliche Aktionärsstellung erhält (§ 61 AktG). Eine Modifizierung stellen die sogenannten vinkulierten Namensaktien dar, da bei diesen für die Übertragung zusätzlich die Zustimmung der Gesellschaft erforderlich ist, damit eventuelle Beteiligungsverschiebungen oder ungewollte neue Anteilinhaber vermieden werden. – vgl. Geist, 2006d, 121ff; Pölert, 2007, 47; Dullinger, 2008, 107f; Hierl/Huber, 2008, 53f; Linder/Tietz, 2008, 145; Perridon/Steiner/Rathgeber, 2009, 369f.
[10] Vgl. Seppelfricke, 2005, 3; Moßdorf, 2010, 193.

Bei den Rechten und Pflichten der Anteilinhaber muss zwischen Stammaktien und Vorzugsaktien unterschieden werden. Ganz allgemein lassen sich die Rechte der Aktionäre in Vermögens- und Verwaltungsrechte einteilen, wobei diese weiter unterteilt werden können. Unter die Vermögensrechte fallen unter anderem die Gewinnbeteiligung, die Teilnahme an der Kapitalerhöhung aufgrund des Bezugsrechts[11] und die Teilhabe am Liquidationserlös, während zu den Verwaltungsrechten das Recht zur Teilnahme an der Hauptversammlung, sowie das Stimmrecht und Auskunftsrecht auf der Hauptversammlung zählen. Besitzer von Stammaktien können diese Rechte alle gleichermaßen in Anspruch nehmen; Eigentümer von Vorzugsaktien genießen hingegen gewisse Vorrechte bezüglich eines oder mehrerer der genannten Rechte, müssen aber im Gegenzug bei dem einen oder anderen Recht allerdings Nachteile akzeptieren.[12] Allgemein besteht außerdem für Aktionäre ein Recht zur Einsicht in den Jahresabschluss gem. § 125 Abs 5 AktG, ein Auskunftsrecht gem. § 112 AktG, ein Recht zur Teilnahme an der Hauptversammlung sowie bestimmte Minderheitenrechte[13].[14] Diesen Rechten stehen auch gewisse Pflichten der Aktionäre gegenüber, die vor allem durch die Einlageverpflichtung und die Treuepflicht charakterisiert werden. Unter der Einlageverpflichtung versteht man, dass der Aktionär dazu angehalten ist, die volle Einlage für seine Anteile zu leisten. Bezüglich der Treuepflicht wird von den Aktionären eine Rücksichtnahme und Loyalität sowohl gegenüber der Gesellschaft als auch gegenüber den anderen Anteilseignern erwartet.[15]

Eine besondere Stellung im Rahmen der Rechte und Pflichten der Aktionäre stellt der Gleichbehandlungsgrundsatz gem. § 47a AktG zum Schutz der Anteilseigner dar. Dieser Grundsatz schreibt die gleiche Behandlung der Aktionäre unter den jeweils gleichen Voraussetzungen vor; das bedeutet, dass immer alle Aktionäre einer Gattung dieselben Bedingungen vorfinden müssen, damit niemand benachteiligt wird. Hierbei wird die Aktionärsstellung allgemein entweder anhand der Mitgliedschaftsstellung der Aktionäre oder am

---

[11] Für nähere Informationen zum Bezugsrecht siehe Kapitel 0.
[12] Vgl. Fugger, 2000, 21f; Henssler/Wiedemann, 2007, 17ff; Pölert, 2007, 44f; Moßdorf, 2010, 193ff.
[13] Minderheitenrechte ergeben sich für einzelne Aktienbesitzer oder auch eine Gruppe von Aktienbesitzern, sobald diese einen gewissen Minderheitsanteil an den gesamten Aktien – je nach Gegebenheit 5% bzw. 10% – halten. Zum Schutz dieser Minderheiten ergeben sich nach dem österreichischen Aktiengesetz für diese gewisse Rechte, wie zum Beispiel das Recht zur Einberufung einer Hauptversammlung, das Recht auf Ersatzansprüche oder etwa das Auskunftsrecht. Dieser Minderheitenschutz resultiert aus der Tatsache, dass derartige Minderheiten aufgrund des Mehrheitsprinzips bei Entscheidungsfindungen keinen oder nur einen geringen Einfluss nehmen können und daher vor maßgeblichen Einschnitten in ihren Rechten geschützt werden sollen. – vgl. Kalss/Wessely, 1994, 1 und 24ff; Schindler, 2008, 121.
[14] Vgl. Reger, 2008, 1058f; Bydlinski/Potyka, 2009, 144ff; Bydlinski/Potyka, 2010, 411ff.
[15] Vgl. Jung, 2002, 31 und 198ff; Schulz, 2005, 88ff; Grunewald, 2005, 245ff; Pölert, 2007, 44f; Moßdorf, 2010, 193ff.

Nominalwert der gehaltenen Aktien ermittelt und verglichen, wobei generell das Kapitalbeteiligungsprinzip im Vordergrund steht.[16]

Eine Aktiengesellschaft setzt sich aus drei Organen, nämlich dem Vorstand, dem Aufsichtsrat und der Hauptversammlung, zusammen. Der Vorstand muss gem. § 71 Abs 1 AktG als Geschäftsführer nicht nur die Gesellschaft gerichtlich und außergerichtlich vertreten, sondern diese auch nach bestem Wissen und Gewissen, unter Berücksichtigung des Interesses der Aktionäre, der Arbeitnehmer sowie des öffentlichen Interesses, leiten.[17] Der Aufsichtsrat als Kontrollorgan ist nicht nur dafür verantwortlich den Vorstand zu bestellen, sondern auch dessen ordnungsgemäße und zweckmäßige Führung im Sinne der Aktionäre zu überwachen. Zusätzlich hat der Aufsichtsrat das letzte Weisungsrecht – wie zum Beispiel beim Bezugsrechtsausschluss – bevor der Vorstand seine Pläne umsetzen kann.[18] Die Hauptversammlung ist jenes Organ, das sich aus den Aktionären – Eigentümer der Aktiengesellschaft aufgrund der Bereitstellung des Kapitals – der Gesellschaft zusammensetzt und in dessen Rahmen die Anteilshaber ihre Rechte ausüben können. In diesem Sinne stimmt die Hauptversammlung unter anderem über die Verwendung des Bilanzgewinns, die Wahl der Aufsichtsratsmitglieder sowie diverse Kapitalbeschaffungsmaßnahmen ab, wobei sowohl die Mitglieder des Vorstands als auch jene des Aufsichtsrats anwesend sein müssen.[19]

---

[16] Vgl. Jacobs, 1994, 31;Kalss/Wessely, 1994, 45; Westermann, 2008, 295ff.
[17] Vgl. Hüffer, 2007, 374ff; Pölert, 2007, 43f;Töpfer, 2007, 305ff; Hierl/Huber, 2008, 101; Strasser, 2010a, 48ff.
[18] Vgl. Hungenberg, 2004, 34.
[19] Vgl. Rappaport, 1999, 3ff; Schnobrich/Barz, 2001, 70ff; Hungenberg, 2004, 33; Siems, 2005, 83f; Linder/Tietz, 2008, 134f.

3 Das Bezugsrecht

Das Bezugsrecht stellt ein Grundrecht für Aktionäre dar, sobald die Gesellschaft eine Kapitalerhöhung durchführt und die betreffenden Aktionäre zum Zeitpunkt des Erhöhungsbeschlusses bereits Aktien dieser Aktiengesellschaft halten. Diese Aktionäre haben dann durch das Bezugsrecht praktisch ein „Vorkaufsrecht" an den neuen Aktien.[20] Nur in Ausnahmefällen kann den bestehenden Aktionären dieses Recht im Rahmen eines Bezugsrechtsausschlusses verwehrt werden, worauf in Kapitel 5 eingegangen wird. In den folgenden Kapiteln soll nun aber das Bezugsrecht näher definiert werden, ebenso wie alle Rahmenbedingungen, die ein Bezugsrecht voraussetzen. Zusätzlich wird beschrieben, wer überhaupt einen Anspruch auf ein Bezugsrecht hat und welche Bedeutung dieses für die Bezugsberechtigten hat.

3.1 Das gesetzliche Bezugsrecht

Das Bezugsrecht ist ein mitgliedschaftliches Vermögensrecht, das lt. § 153 AktG gesetzlich vorgeschrieben wird und unter anderem das Gleichbehandlungsgebot[21] der Aktionäre unterstützt. Gem. § 153 Abs 1 AktG muss jedem Aktionär „auf sein Verlangen ein seinem Anteil an dem bisherigen Grundkapital entsprechender Teil der neuen Aktien zugeteilt werden".[22] Dies bedeutet, dass ein Bezugsrecht für einen Aktionär aus der Mitgliedschaft nur im Rahmen einer Erhöhung des Grundkapitals durch Mittel von außen entsteht.[23] Durch dieses Recht erhalten die Altaktionäre die Möglichkeit, die neuen Aktien als erstes zu erwerben. Im Weiteren räumt das gesetzliche Bezugsrecht den bestehenden Aktionären einen Vorrang gegenüber potentiellen Aktionären ein, die durch den Besitz von Wandel- oder Optionsanleihen ein Vorzugsrecht auf den Erwerb neuer Aktien innehaben. Priorität haben nämlich immer die Altaktionäre mit ihrem mitgliedschaftlichen Bezugsrecht gem. § 154 Abs 1 AktG.[24] Zusätzlich soll dieses Bezugsrecht die bestehenden Aktionäre vor einer Kapitalverwässerung[25] schützen und ihnen das Aufrechterhalten ihrer Beteiligung an der Aktiengesellschaft bei einer Kapitalerhöhung garantieren.[26]

---

[20] Vgl. Schlitt/Seiler, 2003, 2176f; Chechile, 2004, 27f; Shim/Siegel, 2008 296.
[21] Für nähere Informationen zum Gleichbehandlungsgrundsatz siehe Kapitel 2.
[22] § 153 Abs 1 Satz 1 AktG.
[23] Jene Formen der KEH, bei denen ein gesetzliches Bezugsrecht besteht, werden in Kapitel 4.1 näher erläutert.
[24] Vgl. § 154 Abs 1 AktG.
[25] Für nähere Informationen siehe Kapitel 3.8.1.
[26] Vgl. Schlitt/Seiler, 2003, 2176f; Arnold, 2008, 383; Volkart, 2008, 669 ff.

Wie bereits erwähnt, schreibt § 153 Abs 1 AktG vor, dass jedem Aktionär Bezugsrechte entsprechend seinem bestehenden Anteil an Aktien zustehen. Dies bedeutet, dass die Bezugsrechte im Verhältnis des Nennbetrags der Aktien zum bisherigen Grundkapital an die Altaktionäre zu verteilen sind. In diesem Sinne sind die Altaktionäre mit jenem Prozentsatz an der Kapitalerhöhung zu beteiligen, mit dem sie am bestehenden Grundkapital beteiligt sind. Allgemein ist vorgesehen, dass Kapitalerhöhungen im Ausmaß des bisherigen Grundkapitals oder eines Vielfachen von diesem erfolgen, sodass die Bezugsrechte für die neuen Aktien genau auf die Altaktionäre verteilt werden können, damit sich keinerlei Stimmrechtsverwässerung ergibt, sofern alle Altaktionäre ihr Bezugsrecht ausüben.[27] Es kann aber auch vorkommen, dass die Kapitalerhöhung nicht im Ausmaß des bisherigen Grundkapitals oder eines Vielfachen von diesem erfolgt. In einem derartigen Fall können die Bezugsrechte an die Altaktionäre nicht genau verteilt werden und es kommt zu „Bruchteilsrechten". Diese können nicht alleine ausgeübt werden; dadurch hat ein Altaktionär nur die Möglichkeit, dass er entweder ein derartiges Bruchteilsrecht veräußert, oder dass er weitere Bruchteilsrechte von anderen Altaktionären erwirbt bis er genügend Bezugsrechte besitzt, um damit junge Aktien zu kaufen[28].[29]

Zusammenfassend kann festgehalten werden, dass jedem Altaktionär gem. § 153 Abs 1 AktG auf sein Verlangen eine anteilige Ausgabe junger Aktien im Ausmaß seiner bisherigen Beteiligung zusteht. Durch den § 153 Abs 1 AktG ergibt sich daher für den bestehenden Aktionär ein Anspruch auf die Schließung eines Zeichnungsvertrages für die neuen Aktien zu den im Kapitalerhöhungsbeschluss festgesetzten Bedingungen. Das Bezugsrecht wird sofort mit dem Kapitalerhöhungsbeschluss wirksam und erlischt mit der Erfüllung des Bezugsanspruchs, sobald ein Abschluss eines Zeichnungsvertrages zwischen dem Bezugsberechtigten und der Aktiengesellschaft vollzogen wird. Das Bezugsrecht kann aber durch einen Verzichtsvertrag zwischen dem Altaktionär und der Gesellschaft oder dem Verfall des Rechts nach Ablauf der Bezugsfrist erlöschen.[30]

---

[27] Vgl. Götte, 2001, 62; Prätsch/Schikorra/Ludwig, 2007, 58; Arnold, 2008, 383.
[28] Hier sei anzumerken, dass nicht nur beim Kauf und Verkauf von Aktien Gebühren und Provisionen entstehen, sondern das selbiges auch auf Bezugsrechte zutrifft, sofern diese genauso wie Aktien an der Börse gehandelt werden. Auf die Kosten, die im Rahmen des Bezugsrechtshandels oder des Erwerbs neuer Aktien bei einer Kapitalerhöhung für Aktionäre entstehen, soll in diesem Buch nicht näher eingegangen werden, auch wenn diese zum Teil den Wert des Bezugsrechts beeinflussen. – vgl. Schwanfelder, 2007, 85; Lindmayer, 2009, 92.
[29] Vgl. Becker, 2008, 1351f.
[30] Vgl. Marsch-Barner, 2008, 1146f; Nagele/Lux, 2010b, 572.

3.2 Das mittelbare Bezugsrecht

Allgemein entsteht im Rahmen einer Kapitalerhöhung ein gesetzliches Bezugsrecht für bestehende Aktionäre, wobei diesen ein Bezugsanspruch gegenüber der Aktiengesellschaft für neue Aktien eingeräumt wird; das heißt, dass die Gesellschaft generell sowohl für die Zuerkennung als auch die Abwicklung des Bezugsrechts verantwortlich ist. Diese hat außerdem gegenüber den Aktionären eine Verpflichtung zur Leistungserfüllung: nämlich die Möglichkeit, einen Zeichnungsvertrag zu unterzeichnen. Es ist aber auch möglich, dass die Aktiengesellschaft die Abwicklung der Aktienemission von einem Dritten durchführen lässt, wie es in der Praxis allgemein üblich ist. Da in diesem Fall die Altaktionäre ihre Ansprüche nun mittelbar über einen Dritten wahrnehmen, anstatt unmittelbar von der Aktiengesellschaft, spricht man hier von einem „mittelbaren Bezugsrecht". Gem. § 153 Abs 6 AktG tritt das mittelbare Bezugsrecht anstelle des gesetzlichen Bezugsrechts in Kraft, wenn ein Kreditinstitut die neuen Aktien übernimmt. Zusätzlich legt dieser Paragraph fest, dass die Aktien nur Kreditinstituten[31] zur Zeichnung zugewiesen werden dürfen, wobei die Möglichkeit besteht, diese an mehrere Kreditinstitute zu verteilen, sodass diese Institutionen entweder nebeneinander handeln oder sich zu einem Konsortium zusammenschließen.[32]

Die Aktiengesellschaft kann klare Vorteile erzielen, wenn sie die Abwicklung der Aktienemission an Dritte übergibt. Sie kann sich so zum Beispiel den verwaltungstechnischen Aufwand für die Abwicklung des Bezugsrechts und der Zeichnung ersparen. Zusätzlich kann dadurch eine rechtzeitige Durchführung der Kapitalerhöhung durch die Eintragung ins Firmenbuch sichergestellt werden, da das Kreditinstitut sofort alle neuen Aktien übernimmt und auf diese Weise bereits vorab der volle Erhöhungsbetrag eingebracht werden kann. Das mittelbare Bezugsrecht bietet aber auch für Aktionäre einen klaren Vorteil, da die Kreditinstitutionen der staatlichen Aufsicht unterstehen, sodass die Aktionäre zusätzlich geschützt werden.[33] Die Kreditinstitution profitiert natürlich auch von der Übernahme, da ihr alle Rechte und Pflichten eines Aktionärs von der Zeichnung der jungen Aktien bis zur Weitervermittlung zustehen. Unter anderem kann es sein, dass die jeweilige Institution

---

[31] Unter einem Kreditinstitut versteht man laut § 1 Abs 1 Satz 1 BWG all jene Institutionen, die gem. §§ 4 BWG oder 103 Z 5 BWG oder aufgrund von besonderen bundesrechtlichen Regelungen berechtigt sind Bankgeschäfte zu betreiben. Hierbei werden in § 1 Abs 1 Z 1ff BWG jene Tätigkeiten aufgezählt, die unter den Begriff Bankgeschäfte fallen, wobei diese zusätzlich auch gewerblich durchgeführt werden müssen. – vgl. Plück/Kühn/Schmutzler, 2003, 14ff; Borns, 2006, 1ff.
[32] Vgl. Gerner-Beuerle, 2009, 16f; Nagele/Lux, 2010b, 570f.
[33] Vgl. Schlitt/Seiler, 2003, 2178; Gerner-Beuerle, 2009, 16f.

auch die restlichen Aktien ins eigene Portfolio übernehmen darf, für die kein Bezugsanspruch geltend gemacht worden ist, sofern sie eine entsprechende Vereinbarung mit der Aktiengesellschaft geschlossen hat. Sollte dies nicht der Fall sein, ist das Kreditinstitut dazu verpflichtet, dass es die Aktien bestmöglich veräußert und den zusätzlichen „Gewinn" an die Aktiengesellschaft abgibt. In jedem Fall wird jene Institution, die die Aktien übernimmt und mit der Weiterveräußerung betraut wird, monetär entlohnt. Dies kann entweder in Form einer Provision oder einer Beteiligung am Mehrerlös, der sich aus dem höheren Bezugskurs für die Aktionäre gegenüber dem Ausgabekurs der Aktiengesellschaft ergibt, erfolgen.[34]

3.3 Bezugsberechtigte

Das gesetzliche Bezugsrecht steht jedem Aktionär zu, der zum Zeitpunkt des Wirksamwerdens des Kapitalerhöhungsbeschlusses Aktien der betreffenden Aktiengesellschaft hält. Dies ergibt sich aus dem Umstand, dass das gesetzliche Bezugsrecht ein Teil der gesetzlichen Mitgliedschaftsrechte jedes Aktionärs ist und daher jeder Aktionär im Rahmen einer Kapitalerhöhung zu einem Bezugsberechtigen neuer Aktien wird. Da es sich bei dem Bezugsrecht um ein allgemeines und gesetzlich vorgeschriebenes Mitgliedschaftsrecht handelt, steht dieses allgemein jedem Aktionär zu, der Aktien der betreffenden Aktiengesellschaft hält, egal um welche Aktiengattung es sich handelt. Dies gilt daher nicht nur für Inhaber von Stammaktien, sondern ebenso für Vorzugsaktionäre mit oder ohne Stimmrecht und natürlich auch für Besitzer von vinkulierten Aktien.[35]

In seltenen Ausnahmefällen können Aktionäre jedoch von vorneherein vom Bezugsrecht ausgeschlossen sein. Eine derartige Situation stellt die Haltung eigener Aktien durch die Aktiengesellschaft dar. Obwohl Aktiengesellschaften allgemein lt. § 51 Abs 1 AktG keine eigenen Aktien erwerben dürfen, räumt der § 65 Abs 1 AktG die Möglichkeit ein, dass die Gesellschaft unter besonderen Umständen eigene Aktien zeichnen darf, wobei die Gründe für den Erwerb eigener Aktien genau im § 65 Abs 1 Z 1-8 AktG deklariert werden. Im § 65 Abs 5 AktG wird des Weiteren festgelegt, dass für Aktiengesellschaften aus eigenen Aktien keinerlei Mitgliedschaftsrechte entstehen, sodass für diese Aktien weder ein

---

[34] Vgl. Frodermann/Becker, 2009, 194; Gerner-Beuerle, 2009, 18ff.
[35] Vgl. Downes/Goodman, 2003, 852f; Bitz, 2005, 220f.

Stimmrecht noch ein Bezugsrecht besteht. Es werden daher gem. § 65 Abs 5 AktG der Aktiengesellschaft keine mitgliedschaftlichen Rechte eingeräumt.[36]

Andersherum besteht aber auch die Möglichkeit, dass „Nicht-Aktionären" ein Bezugsrecht zusteht. Dieses ergibt sich durch die Haltung von Wandelschuldverschreibungen[37], die deren Besitzer ein Umtausch- oder Bezugsrecht auf Aktien einräumt. Während Wandelschuldverschreibungen im engeren Sinn lediglich ein Umtauschrecht gewähren, gestatten Optionsanleihen zusätzlich ein Bezugsrecht auf eine bestimmte Anzahl an Aktien. Hier sei aber zu berücksichtigen, dass in der Regel extra eine Kapitalerhöhung zur Bedienung von Wandelschuldverschreibungen durchgeführt wird, bei der die bestehenden Aktionäre vom Bezugsrecht ausgeschlossen werden, sofern diese neben den Aktien zusätzlich keine Wandelschuldverschreibungen halten.[38]

3.4 Bezugsrecht und Aktiengattungen

Das österreichische Aktiengesetz erlaubt, dass verschiedene Aktiengattungen nebeneinander bestehen, wie bereits in Kapitel 2 näher erläutert wurde. Daraus ergibt sich natürlich im Weiteren auch, dass im Rahmen einer Kapitalerhöhung unterschiedliche Gattungen ausgegeben werden können. Im Bezug auf das Bezugsrecht führt dies dann zu Problemen, wenn entweder verschiedene Aktiengattungen bestehen, aber nur neue Aktien einer Gattung begeben werden oder wenn zwar mehrere Aktiengattungen ausgegeben werden, dies aber nicht im bestehenden Verhältnis der einzelnen Gattungen geschieht. In diesem Zusammenhang geht es aber insbesondere um das Verhältnis zwischen Stammaktien und Aktien mit eingeschränkten Rechten, wie zum Beispiel Vorzugsaktien ohne Stimmrecht oder vinkulierte Aktien.[39]

Sofern eine Kapitalerhöhung durch die Ausgabe von Stammaktien und Vorzugsaktien durchgeführt werden soll, besteht im Rahmen des Bezugsrechts die Möglichkeit, dieses entweder als Mischbezugsrecht oder als Gattungsbezugsrecht auszugeben. Während beim

---

[36] Vgl. Wienecke, 2008b, 446ff; Wilhelm, 2009, 249f.
[37] Das Bezugsrecht aufgrund von Wandelschuldverschreibungen stellt aber im Gegensatz zum mitgliedschaftlichen Bezugsrecht kein gesetzlich vorgeschriebenes Recht dar, sondern stammt aus einer vertraglichen Vereinbarung zwischen Kapitalgebern und der Aktiengesellschaft. Hierbei muss festgehalten werden, dass das gesetzliche Bezugsrecht der Altaktionäre immer Vorrang gegenüber jenem vertraglichen Bezugsrecht im Rahmen von Wandelschuldverschreibungen hat. – vgl Nagele/Lux, 2010b, 562.
[38] Vgl. Bohn, 2002, 115f; Schäfer, 2002, 221ff; Schierenbeck, 2003, 433; Perridon/Steiner/Rathgeber, 2009, 404.
[39] Für nähere Erläuterungen der genannten Aktiengattungen siehe Kapitel 2.

Mischbezugsrecht den bestehenden Aktionären die Stamm- und Vorzugsaktien aufgrund ihrer Beteiligung zugeteilt werden, wird beim Gattungsbezugsrecht jedem Aktionär entsprechend jener Aktiengattung, die er bereits hält, ein Bezugsrecht für diese Aktiengattung zuerkannt. In der Rechtslehre ist es allgemein sehr umstritten, welcher Art von Bezugsrecht in einem solchen Fall der Vorzug gegeben werden soll, wobei sich in der neueren Lehre ein Umdenken von der ursprünglichen Tendenz zum Mischbezugsrecht hin zum Gattungsbezugsrecht entwickelt hat. Würde etwa eine Aktiengesellschaft mehrere Aktiengattungen halten, aber im Rahmen einer Kapitalerhöhung nur eine Gattung ausgeben, so wird durch den § 153 Abs 1 AktG ganz klar durch den Gesetzgeber vorgegeben, dass allen Aktionären Bezugsrechte ihrem bisherigen Anteil entsprechend zuzuteilen sind. Sollte es aber im Sinne der Aktiengesellschaft und der Aktionäre sein, dass eine Beschränkung des Bezugsrechts auf die bisherige Aktiengattung erfolgen soll, so kann dies nur über einen Bezugsrechtsausschluss, der im Rahmen der Hauptversammlung gem. § 153 Abs 3-5 AktG beschlossen wurde, erfolgen.[40]

Schwieriger gestaltet sich aber die Situation, wenn im Rahmen der Kapitalerhöhung sowohl Stammaktien als auch Vorzugsaktien ausgegeben werden, vor allem wenn diese Ausgabe nicht im bestehenden Verhältnis zwischen den Aktiengattungen geschieht. Kommt es dann im Rahmen einer Kapitalerhöhung zu einem Mischbezugsrecht, so entsteht ein Splitting von Aktiengattungen, sodass unter anderem bisher stimmrechtslose Vorzugsaktionäre durch den Bezug von Stammaktien zu einem Stimmrecht kommen und umgekehrt, dass Stammaktionäre mit Stimmrecht auch teilweise Vorzugsaktien halten. Dies führt zu einer Verwässerung der Herrschaftsbefugnis, da die Stimmquote der bestehenden Stammaktionäre sinkt. In diesem Fall wäre es vorteilhaft, ein kreuzweises Bezugsrecht auf die jeweils andere Gattung auszuschließen, wobei für einen solchen Bezugsrechtsausschluss gem. § 153 Abs 3-5 AktG die sachliche Rechtfertigung fehlt, auch wenn § 153 Abs 1 AktG lediglich die Quantität des Bezugsrechts für bestehende Aktien festlegt und keinerlei Hinweise auf ein Gattungs- oder Mischbezugsrecht gibt.[41]

Der Gleichbehandlungsgrundsatz gem. § 49a AktG bietet bezüglich der verschiedenen Aktiengattungen eine gewisse Hilfestellung, da diesem Gleichbehandlungsgrundsatz am ehesten entsprochen wird, wenn sowohl Stamm- als auch Vorzugsaktionären ein Bezugs-

---

[40] Vgl. Schinzler, 1999, 94ff; Nagele/Lux, 2010b, 560ff.
[41] Vgl. Wellner, 2004, 43ff; Nagele/Lux, 2010b, 560ff.

recht für junge Aktien ihrer jeweiligen Aktiengattung zugesprochen wird. Dies kann aber nur dann erfolgen, wenn jedem Aktionär ein Bezugsrecht nur auf neue Aktien derselben Aktiengattung erwächst; dies ist aber in den seltensten Fällen gegeben, da neue Stamm- und Vorzugsaktien häufig in einem anderen als bisher üblichen Verhältnis zueinander, ausgegeben werden. Für einen derartigen Fall kann ein Gattungsbezugsrecht mit Spitzenausgleich zumindest weitestgehend ein Verschieben der Herrschaftsverhältnisse verhindern, da nur der verhältnismäßige Überschuss einer Aktiengattung der anderen Gattung zufällt, während alle übrigen Bezugsrechte nach dem bestehenden Verhältnis der einzelnen Aktiengattungen zugeteilt wird.[42]

Während Stammaktionäre allgemein durch ihr Stimmrecht bei der Abwicklung der Kapitalerhöhung im Rahmen der Hauptversammlung mitbestimmen können, besteht normalerweise für Vorzugsaktionäre kein derartiges Mitbestimmungsrecht, sodass für diese Aktionäre durch die Kapitalerhöhung unter Umständen Nachteile entstehen können. Aus diesem Grund sieht der § 117 Abs 2 AktG vor, dass stimmrechtslose Vorzugsaktionäre einem Kapitalerhöhungsbeschluss gesondert zustimmen müssen, sofern „die Ausgabe neuer Aktien mit vorhergehenden oder gleichstehenden Rechten"[43] erfolgt. Der § 117 Abs 2 AktG soll daher als Schutzinstrument für Vorzugsaktionäre gelten, um deren Rechte weitreichend zu schützen.[44]

3.5 Wert des Bezugsrechts

Das Bezugsrecht bietet, wie bereits beschrieben, den Altaktionären ein Vorrecht auf den Bezug von Aktien im Rahmen einer Kapitalerhöhung. Neben der Tatsache, dass aufgrund des Bezugsrechts den bisherigen Aktionären neue Aktien zugesichert werden, hat das Bezugsrecht auch einen rechnerischen Wert und kann gegebenenfalls auch an der Börse gehandelt[45] werden. Während sich der rechnerische Wert des Bezugsrechts aus dem Kursverlust – den die alten Aktien nach der Ausgabe der neuen erleiden – ergibt, wird der tatsächliche Marktpreis für das Bezugsrecht aufgrund des Angebots und der Nachfrage an der Börse bestimmt. Daraus ergibt sich, dass sich einerseits der Marktwert des Bezugs-

---

[42] Vgl. Schinzler, 1999, 94ff; Westermann, 2008, 295ff.
[43] § 117 Abs 2 Satz 1 AktG.
[44] Vgl. Wellner, 2004, 39ff; Heidinger/Schneider, 2007, 271; Bydlinski/Potyka, 2009, 153.
[45] Für nähere Informationen zum Bezugsrechtshandel siehe Kapitel 4.2.4.2.

rechts über die Dauer der Bezugsfrist verändern kann und andererseits, dass der errechnete (faire) Wert[46] nicht mit jenem der Börse übereinstimmen muss.[47]

Der rechnerische Bezugskurs nach der traditionellen Formel[48] kann durch die Differenz des Kurses der alten Aktie und dem Bezugspreis der jungen Aktie dividiert durch das um eins erhöhte Bezugsverhältnis ermittelt werden und lässt sich folgendermaßen errechnen:[49]

$$Bezugsrechtspreis = \frac{aktueller\ Kurs\ der\ alten\ Aktie - Bezugspreis\ der\ neuen\ Aktie}{Bezugsverhältnis + 1}$$

Sobald die Bezugsfrist beginnt, wird das Bezugsrecht von der Aktie abgespalten und beide werden getrennt auf dem Markt gehandelt. Während der gesamten Bezugsfrist wird dann der Kurs der alten Aktie mit dem Kürzel exB (ex Bezugsrecht) versehen, um zu kennzeichnen, dass nun die Aktie alleine gehandelt wird. Der Kurs der alten Aktie reagiert natürlich auf die Abspaltung des Bezugsrechts, wodurch sich auch der rechnerische Wert des Bezugsrechts über die Dauer der Bezugsfrist ändert.[50] Dies hat aber ebenso eine Auswirkung auf die Wertigkeit des Bezugsrechts für die Altaktionäre bezüglich einer Kapitalverwässerung, worauf in Kapitel 3.8.1 näher eingegangen wird. Die Schwankungen des rechnerischen und des tatsächlichen Werts des Bezugsrechts werden außerdem im Rahmen der empirischen Untersuchung in Kapitel 6.2.7 näher analysiert.

3.6 Das Bezugsverhältnis

Im Rahmen der Gewährung eines Bezugsrechts stellt das Bezugsverhältnis, welches vom Vorstand festgelegt wird und in letzter Instanz im Rahmen des Beschlusses der Hauptversammlung über die Kapitalerhöhung und deren Rahmenbedingungen abgestimmt wird,

---

[46] Der errechnete Wert des Bezugsrechts wird in der Literatur häufig auch als der faire Wert des Bezugsrechts bezeichnet. Dies resultiert daraus, dass gemäß verschiedener Studien das Bezugsrecht im Rahmen des Bezugsrechtshandels unter seinem Wert gehandelt wird und daher der errechnete Wert als jener Preis angesehen wird, der den Aktionären tatsächlich zustehen würde. Im Rahmen der empirischen Untersuchung wird in Kapitel 6.2.7 noch einmal näher auf diese Problematik eingegangen. – vgl. Dorfleiter/Röder, 2002, 463.
[47] Vgl. Chechile, 2004, 27f; Guerard/Schwartz, 2007 137f; Schwanfelder, 2007, 40f; Michalky/Schittler, 2008, 60.
[48] Es besteht auch die Möglichkeit, den Wert des Bezugsrechts als Option, nach dem Model von Black-Scholes oder anderen Methoden, zu bewerten. In diesem Buch soll aber lediglich die traditionelle Formel berücksichtigt werden. – vgl. Dorfleiter/Röder, 2002, 461ff.
[49] Vgl. Prätsch/Schikorra/Ludwig, 2007, 59; Schwanfelder, 2007, 41; Perridon/Steiner/Rathgeber, 2009, 374.
[50] Vgl. Guerard/Schwartz, 2007, 137f; Schwanfelder, 2007, 41; Arnold, 2008, 383ff.

einen bedeutenden Faktor dar. Das Bezugsverhältnis ergibt sich dabei aus dem Verhältnis des bisherigen Grundkapitals zum Erhöhungsbetrag und gibt im Weiteren an, wie viele Altaktien ein bestehender Aktionär für den Bezug einer neuen Aktie benötigt. Dies bedeutet zum Beispiel, dass ein Anteilshaber bei einem Bezugsverhältnis von 3:1 mit dem Besitz von drei alten Aktien ein Bezugsrecht (Vorkaufsrecht) auf eine neue Aktie hat.[51]

Da alle Aktionäre eine unterschiedliche Anzahl an Aktien besitzen, kommt es vor, dass nicht alle ihre Bezugsrechte verwerten können, weil sie zu wenige Altaktien für den Erwerb einer neuen Aktie besitzen. Hier besteht für die Aktionäre die Möglichkeit, dass sie entweder Bezugsrechte von anderen Aktionären, die ihr Bezugsrecht nicht ausüben möchten, hinzukaufen, oder dass sie die nicht verwertbaren Bezugsrechte verkaufen.[52] In diesem Zusammenhang wird in der Literatur häufig auch von einem ungünstigen Bezugsverhältnis gesprochen, das laut den Autoren umso bedeutender ist, je mehr alte Aktien man für den Bezug einer jungen Aktie benötigt.[53] Da das Bezugsverhältnis unter anderem die Bedeutung des Bezugsrechts für Aktionäre mitbestimmt, wird in der empirischen Untersuchung in Kapitel 6.2.10 noch einmal näher darauf eingegangen.

3.7 Der Bezugskurs

Neben dem Bezugsverhältnis ist auch der Bezugskurs für die Aktionäre von Bedeutung. Der Bezugskurs gibt an, zu welchem Preis die neuen Aktien erworben werden können und muss genauso wie alle anderen Kriterien der Kapitalerhöhung innerhalb des Hauptversammlungsbeschlusses festgelegt werden, sofern die Hauptversammlung nicht den Vorstand ermächtigt, diesen festzusetzen. In diesem Fall wird die Hauptversammlung aber dennoch zumindest einen Rahmen beschließen, wie hoch oder niedrig der Bezugskurs maximal sein darf.[54]

In der Regel wird der Bezugskurs immer unter dem aktuellen Kurs der jeweiligen Aktie sein, wodurch das Bezugsrecht für die Altaktionäre an Wert gewinnt, um sich vor einer Kapitalverwässerung zu schützen. Weder die Altaktionäre noch potentielle Neuaktionäre würden die jungen Aktien kaufen, wenn deren Bezugskurs über dem aktuellen Wert liegt,

---

[51] Vgl. Downes/Goodman, 2003; 852f; Fischer, 2005, 183; Ketzler, 2005, 22f.
[52] Vgl. Helfert, 2001, 351; Fischer, 2005, 183; Ketzler, 2005, 22f; Guerard/Schwartz, 2007 137f; Schwanfelder, 2007, 40f.
[53] Vgl. Röder/Dorfleitner, 2002, 474.
[54] Vgl. Schwanfelder, 2007, 124; Shim/Siegel, 2008, 296; Andenas/Wooldridge, 2009, 205f.

da diese als überteuert angesehen werden, sodass im Endeffekt die Kapitalerhöhung scheitern würde.[55] Hierbei sei aber anderenfalls anzumerken, dass die Anzahl an auszugebenden Aktien umso höher ist, je geringer der Bezugspreis angesetzt wird. Daraus ergibt sich im Weiteren, dass die Ertragskraft umso stärker steigen muss, um den Aktionären künftig eine konstante Stückdividende gewährleisten zu können, je mehr neue Aktien ausgegeben werden. Andererseits bedeutet eine große Anzahl an jungen Aktien auch ein positives Signal, was sich in der Regel positiv auf den Aktienkurs im Rahmen der Kapitalerhöhung auswirkt.[56] Zusätzlich würde dies das Bezugsrecht für die bestehenden Aktionäre attraktiver sowie die Aktien leichter handelbar machen, sofern hohe Aktienkurse durch einen geringen Bezugspreis gesenkt werden können.[57]

3.8 Bedeutung des Bezugsrechts für Aktionäre

Im Rahmen einer Kapitalerhöhung werden die bestehenden Aktionäre durch einen etwaigen Kapitalverlust bzw. Stimmrechtsverlust aufgrund einer Beteiligungsverschiebung gefährdet, wenn neue Aktionäre die jungen Aktien erwerben. Aus diesem Grund soll das Bezugsrecht als ein wesentliches Mitgliedschaftsrecht und Vorkaufsrecht auf neue Aktien die Altaktionäre schützen.[58] Im Folgenden sollen nun die Gefahr der Verwässerung des Kapitals bzw. des Stimmrechts beschrieben werden und inwieweit das Bezugsrecht die Aktionäre davor schützen kann. Des Weiteren soll dies auch die Bedeutung des Bezugsrechts für die Altaktionäre verdeutlichen.

3.8.1 Kapitalverwässerungsschutz

Primär soll das Bezugsrecht die Altaktionäre vor einer Kapitalverwässerung schützen. Das Bezugsrecht hat vor allem dann besondere Bedeutung für die Altaktionäre, wenn die neuen Aktien unter dem aktuellen Börsenkurs ausgegeben werden.[59] Je weiter dieser unter dem Ausgabekurs liegt, desto mehr Relevanz hat das Bezugsrecht für bisherige Aktionäre, damit der Kapitalverwässerungseffekt so gering wie möglich gehalten wird.[60] Das Problem ist nämlich, dass bei jenen Kapitalerhöhungen, bei denen der Ausgabekurs der neuen Titel

---

[55] Vgl. Drukarczyk, 2003, 320f; Finkler/Ward, 2006, 157.
[56] Vgl. Davis, 2003, 314; Prokot, 2006, 146f und 161.
[57] Vgl. Drukarczyk, 2003, 320f; Perridon/Steiner/Rathgeber, 2009, 375.
[58] Vgl. Vogel, 2002, 83; Schlitt/Seiler, 2003, 2176; Spinella, 2004, 114; Shim/Siegel, 2008, 296.
[59] In der empirischen Untersuchung wird bezüglich der Verwässerung die Theorie des Underpricings dahingehend untersucht, inwieweit der Bezugskurs bei der Ausgabe unter dem Erstnotizpreis liegt. Für nähere Informationen siehe dazu Kapitel 6.2.11.
[60] Vgl. Rammert, 1998, 703; Davis, 2003, 314; Spinella, 2004, 114; Volkart, 2008, 669 ff.

wesentlich unter dem aktuellen Kurs liegt, die jungen Aktien in die Aktiengesellschaft vergleichsweise weniger Geld einbringen, weil die bestehenden Anteil zu diesem Zeitpunkt zu einem höheren Wert gehandelt werden. Dies bedeutet, dass insgesamt die Ertragskraft pro Aktie sinkt und als Folge der Aktienkurs an der Börse allgemein zurückgehen wird. Das Bezugsrecht soll in diesen Fällen vorsorgen, damit die Altaktionäre nicht benachteiligt werden. Der Ausgleich kann für Altaktionäre entweder so aussehen, dass sie durch das Bezugsrecht einfach zu neuen Aktien kommen, oder dass der Verlust, der aus dem Kursrückgang resultiert, durch den Verkauf des Bezugsrechtes kompensiert wird.[61]

Neben dem Bezugskurs spielt aber auch der Wert des Bezugsrechts eine wesentliche Rolle für den Ausgleich des Verlusts durch die Kapitalerhöhung für die Altaktionäre. Wie bereits in Kapitel 3.5 beschrieben wurde, verändert sich der Betrag, zu dem das Bezugsrecht an der Börse gehandelt wird über die Laufzeit der Bezugsfrist aufgrund des Angebots und der Nachfrage. Ebenso ändert sich während dieser Zeit auch der faire Wert des Bezugsrechts aufgrund der Kursänderung der Altaktien, die ab Beginn der Bezugsfrist alleine, d.h. ohne Bezugsrecht, gehandelt werden. Sobald der aktuelle Bezugsrechtskurs unter dem errechneten Wert dieses Rechts liegt, ist es für Neuaktionäre sinnvoll, dass sie Bezugsrechte erwerben und ausüben. Für Altaktionäre ist es zu diesem Zeitpunkt aber wenig zielführend, ihr Bezugsrecht zu verkaufen, weil es schließlich unter dem fairen Wert liegt und diese somit einen Verlust machen würden. Besser wäre es in diesem Fall sicherlich, das Bezugsrecht auszuüben.[62]

3.8.2 Schutz vor Stimmrechtsverwässerung

Im Rahmen der Erhöhung des Grundkapitals kann es für die bisherigen Aktionäre zu Beteiligungsverschiebungen kommen, die auch eine Verwässerung des Stimmrechts verursachen, wenn sich die bisherigen Aktionäre nicht an der Kapitalerhöhung beteiligen können. Aus diesem Grund soll das Bezugsrecht die Altaktionäre schützen, indem diesen ein Bezugsanspruch für neue Aktien im Verhältnis der Erhöhung des Grundkapitals zu ihrer bisherigen Beteiligung zusteht.[63] Vor allem für Halter von Sperrminoritäten[64] hat das

---

[61] Vgl. Escher-Weingart, 2001, 264f; Davis, 2003, 314; Volkart, 2008, 664 ff.
[62] Vgl. Guerard/Schwartz, 2007 137f; Schwanfelder, 2007, 40f; Michalky/Schittler, 2008, 991.
[63] Vgl. Rammert, 1998, 705.
[64] Unter Sperrminoritäten versteht man jenen Stimmanteil, der benötigt wird, um einen Mehrheitsbeschluss zu verhindern. Nachdem zumeist mindestens von einer Dreiviertelmehrheit für eine Beschlussfassung ausgegangen wird, werden in der Regel 25% plus eine Stimme des stimmberechtigten Kapitals als eine derartige Sperrminorität angesehen. – vgl. Schulz, 2005, 94f.

Bezugsrecht eine besondere Bedeutung, da dieses gewährleisten soll, dass diesen der Minderheitenschutz weiterhin garantiert werden kann. Fällt etwa die Sperrminorität unter jene Grenze, die einen Mehrheitsbeschluss verhindern kann, so ergeben sich für diese Aktionäre wesentliche Benachteiligungen in Bezug auf ihr Stimmrecht. Aus diesem Grund stellt das Bezugsrecht hier einen besonderen Schutz dar, da die Aktionäre durch die Inanspruchnahme ihrer Rechte ihre gesicherte Stellung beibehalten können.[65]

Zusammenfassend kann das Bezugsrecht die Altaktionäre zwar gänzlich vor dem Stimmrechtsverlust schützen, sofern sie dieses vollständig ausnutzen und somit weiterhin einen gleich großen Anteil wie vor der Kapitalerhöhung an der Gesellschaft halten.[66] Andererseits können diese nicht vollständig vor einer Kapitalverwässerung geschützt werden, weil den bestehenden Aktionären entweder die Möglichkeit offensteht, dass diese ihre Bezugsrechte verkaufen, aber dafür künftig Dividendeneinbußen aufgrund der Beteiligungsverschiebung hinnehmen müssen, oder sie nehmen ihre Rechte in Anspruch, wofür sie aber zusätzliches Kapital investieren müssen, um die neuen Aktien zu erwerben. Hier muss aber berücksichtigt werden, dass es den Altaktionären nicht immer möglich ist ihre Bezugsrechte auszunutzen, weil sie zum Beispiel zu diesem Zeitpunkt nicht über genügend liquide Mittel verfügen, um junge Aktien zu erwerben. Aus diesem Grund ist es allenfalls besser einen geringeren Ausgleich für die Bezugsrechte zu erhalten, um die Kapitalverwässerung teilweise zu verringern.[67]

3.8.3 Opération Blanche

Wie bereits im vorangegangenen Kapitel erwähnt wurde, haben die Altaktionäre nicht immer die Möglichkeit die Bezugsrechte auszunutzen, weil diesen etwa keine freien Finanzmittel zur Verfügung stehen. Obwohl die Bezugsrechte nur dann einen Altaktionär bestmöglich vor einer Stimmrechtsverwässerung und einer Kapitalverwässerung schützen können, wenn diese vollständig ausgeübt werden, besteht dennoch mit der sogenannten Opération Blanche die Möglichkeit, den Stimmrechtsverlust und den Verwässerungseffekt zu verringern.[68]

---

[65] Vgl. Escher-Weingart, 2001, 263; Koch-Sembdner, 2004, 49.
[66] Vgl. Bürgers/Körber, 2008, 1281f.
[67] Vgl. Rammert, 1998, 705; Vogel, 2002, 83.
[68] Vgl. Schäfer, 2002, 210f.

Die Opération Blanche bietet die Möglichkeit, dass junge Aktien im Rahmen einer Kapitalerhöhung bezogen werden können, ohne dass zusätzliche finanzielle Mittel eingesetzt werden müssen. Der Gedanke dahinter ist, dass der Altaktionär genauso viele Bezugsrechte veräußert, dass er mit dem Verkaufserlös aus der Veräußerung den verbleibenden Teil der Bezugsrechte ausüben kann. Dieses Verfahren ermöglicht zwar keine volle Teilnahme an der Kapitalerhöhung, aber zumindest hat der Aktionär die Chance, die Substanz seines Portefeuilles aufrecht zu erhalten.[69]

Im Rahmen der Opération Blanche besteht auch die Möglichkeit, dass relativ einfach berechnet werden kann, wie viele neue Aktien ein bestehender Aktionär ohne den Einsatz von zusätzlichen finanziellen Mitteln beziehen kann. Dies kann mit folgender Formel berechnet werden:[70]

$$A_j = \frac{BR \times BRW}{EK + BRW \times BV}$$

A_j = Anzahl der zu beziehenden jungen Aktien
BR = Anzahl der Bezugsrechte = Anzahl der Aktien
BRW = Bezugsrechtswert
EK = Emissionskurs der jungen Aktien
BV = Bezugsverhältnis

Diese Formel ermittelt folglich die Anzahl jener Aktien, die ein Altaktionär ohne zusätzliche Mittel – also lediglich mit der Veräußerung der übrigen Bezugsrechte – erwerben kann. Die Methode der Opération Blanche kann zusammengefasst sicherlich als die beste Möglichkeit zur Verringerung von einer Kapital- und Stimmrechtsverwässerung angesehen werden, sofern die Altaktionäre kein zusätzliches Kapital aufbringen möchten oder können, um alle Bezugsrechte auszuüben.[71]

---

[69] Vgl. Steiner/Uhlir, 2001, 125; Busse, 2003, 239f.
[70] Vgl. Busse, 2003, 240.
[71] Vgl. Schäfer, 2002, 210f.

4 Entstehung und Abwicklung des Bezugsrechts

4.1 Bedingungen für die Entstehung eines Bezugsrechts

Wie bereits in Kapitel 0 erwähnt wurde, entsteht im Rahmen einer Kapitalerhöhung ein Bezugsrecht als mitgliedschaftliches Grundrecht für Altaktionäre.[72] Ganz allgemein versteht man unter einer Kapitalerhöhung eine Erhöhung des Eigenkapitals bei einer Kapitalgesellschaft, sodass dies eine Maßnahme der Kapitalbeschaffung darstellt, die im österreichischen Aktiengesetz in den §§ 149 bis 174 geregelt wird.[73] Die Kapitaleinlage kann grundsätzlich entweder bar oder als Sacheinlage erfolgen, wobei die Form der Einlage durch den verfolgten Zweck bestimmt wird.[74]

Barkapitalerhöhungen werden primär zur Erhöhung des Eigenkapitals durchgeführt, wobei meistens kaum Interesse an bestimmten Aktionären besteht.[75] Bei Sachkapitalerhöhungen liegt hingegen eine bestimmte Sache, die entweder einen spezifischen Gegenstand, eine Beteiligung oder auch ein Unternehmen darstellt, im Interesse der Gesellschaft.[76] Egal in welcher Form und Ausgestaltung eine Kapitalerhöhung schließlich durchgeführt wird, erfolgt in jedem Fall eine Satzungsänderung gem. §§ 145 und 148 AktG, da die Höhe des Grundkapitals lt. § 17 Z 1 AktG ein wesentlicher Bestandteil der Satzung ist. Diese Satzungsänderung setzt im Weiteren nach § 145 Abs 1 AktG und § 146 Abs 1 AktG einen Beschluss der Hauptversammlung voraus, bei dem mindestens drei Viertel des bei der Beschlussfassung vertretenen Grundkapitals[77] dem Beschluss zustimmen müssen[78], damit dieser rechtskräftig wird.[79] Der Vorstand hat hierauf die Verpflichtung, dass er die Eintragung der Satzungsänderung im Firmenbuch anmeldet (§ 148 Abs 1 AktG), wobei diese gem. § 148 Abs 2 AktG erst mit der endgültigen Eintragung wirksam wird.[80] Im Rahmen

---

[72] Vgl. Drukarczyk, 2003, 333f; Volkart, 2008, 669.
[73] Vgl. Frodermann/Becker, 2009, 169.
[74] Vgl. Fugger, 2000, 41f; Busse, 2003, 233; Bösl, 2004, 39f; Michalky/Schittler, 2008, 988ff.
[75] Vgl. Bösl, 2004, 39f.
[76] Vgl. Michalky/Schittler, 2008, 988ff.
[77] Das vertretene Grundkapital setzt sich aus jenen Aktionären bzw. bevollmächtigten Vertretern zusammen, die beim Hauptversammlungsbeschluss anwesend sind, ein Stimmrecht besitzen und von diesem in gültiger Weise Gebrauch machen. - vgl. Nagele/Lux, 2010b, 527f.
[78] Gem. § 146 Abs 1 AktG wird für Abstimmungen der Hauptversammlung mindestens eine Dreiviertelmehrheit des bei der Beschlussfassung vertretenen Grundkapitals gefordert. Diese Mehrheitsbestimmung gilt in jedem Fall als unterste Grenze, wobei jedoch ein höherer Anteil in der Satzung angesetzt werden kann. Diese Bestimmung gilt dann für sämtliche Beschlüsse im Rahmen einer Hauptversammlung, sodass für jegliche Abstimmung mindestens dieselben wenn nicht strengere Regelungen festgesetzt werden müssen. – vgl. Deyerling, 2001, 227ff; Becker, 2009, 151; Nagele/Lux, 2010a, 511ff.
[79] Vgl. Jabornegg, 2006a, 185ff; Reger, 2006, 833; Heidinger/Schneider, 2007, 297ff; Körber, 2008, 1069ff; Frodermann/Becker, 2009, 170f; Nagele/Lux, 2010a, 506f und 520ff.
[80] Vgl. § 148 AktG.

dieser Untersuchung spielen bezüglich der Bedeutung des Bezugsrechts nur jene Kapitalerhöhungen eine Rolle, bei denen junge Aktien ausgegeben werden. Aus diesem Grund wird im Folgenden nur auf die ordentliche Kapitalerhöhung, die bedingte Kapitalerhöhung, das genehmigte Kapital sowie das bedingte genehmigte Kapital näher eingegangen.[81]

4.1.1 Die ordentliche Kapitalerhöhung

Die ordentliche Kapitalerhöhung wird auch als Kapitalerhöhung gegen Einlage bezeichnet, da die jungen Aktien entweder gegen Bar- oder Sacheinlage ausgegeben werden.[82] Die Erhöhung des Grundkapitals setzt einen Beschluss der Hauptversammlung voraus, damit eine Kapitalerhöhung überhaupt durchgeführt werden kann. In der Hauptversammlung wird aber nicht nur über eine mögliche Kapitalerhöhung abgestimmt, sondern im Rahmen dieser Beschlussfassung müssen zusätzlich die genauen Rahmenbedingungen für die Kapitalerhöhung beschlossen werden. Unter anderem müssen auch die Begebenheiten des Bezugsrechts, das den Altaktionären durch die Ausgabe neuer Aktien entsteht, sofern dieses nicht ausgeschlossen wird, festgesetzt werden.[83]

Sofern im Rahmen des Kapitalerhöhungsbeschlusses nicht über einen fixen Betrag der Erhöhung abgestimmt wird, muss zumindest ein betragsmäßiger Rahmen bestimmt werden, ebenso wie der Bezugskurs der neuen Aktien und alle Bedingungen für den Bezug der Aktien sowohl für Alt- als auch für Neuaktionäre. Sollte eine Aktiengesellschaft verschiedene Aktiengattungen begeben haben, so müssen neben einem allgemeinen Hauptversammlungsbeschluss über die Kapitalerhöhung zusätzlich Sonderbeschlüsse der Aktionäre jeder Aktiengattung gem. § 149 Abs 2 AktG durchgeführt werden. In diesen Sonderbeschlüssen wird ebenfalls über die Kapitalerhöhung abgestimmt, aber eben getrennt nach den jeweiligen Aktiengattungen. Im Rahmen der Sonderbeschlüsse sowie des allgemeinen Hauptversammlungsbeschlusses stellen stimmrechtslose Vorzugsaktionäre eine besondere

---

[81] Diese Formen der Kapitalerhöhung werden auch unter dem Begriff effektive Kapitalerhöhung zusammengefasst und geben junge Aktien gegen Einlage aus. Es gibt jedoch auch eine nominelle Kapitalerhöhung, bei der keine Mittel von außen zufließen; darunter fällt die Kapitalerhöhung aus Gesellschaftsmitteln. Bei dieser werden die neuen Aktien lediglich aufgrund einer Umbuchung von freien Eigenkapitalpositionen in Grundkapital generiert. Diese Anteile stehen dann allgemein in Form von Gratisaktien den Aktionären ihrem bisherigen Anteil entsprechend zu. – vgl. Westermann, 1992, 614f; Andenas/Wooldridge, 2009, 206f.
[82] Vgl. Busse, 2003, 233f; Lechner/Egger/Schauer, 2006, 245.
[83] Vgl. Deyerling, 2001, 227ff; Martinius, 2005, 472; Becker, 2009, 151.

Gruppe dar, welche nur dann über eine Kapitalerhöhung abstimmen darf, sofern ihnen gem. § 116 Abs 2 AktG ausnahmsweise ein Stimmrecht[84] zusteht.[85]

Bei der Ausgabe der neuen Aktien dürfen diese nicht unter dem Nennwert begeben werden, daher muss der Bezugskurs (Ausgabekurs) mindestens dem Nennwert entsprechen. Im Rahmen des Kapitalerhöhungsbeschlusses kann die Hauptversammlung bereits über einen fixen Betrag des künftigen Ausgabekurses beschließen. Überlässt die Hauptversammlung aber die Festsetzung des endgültigen Bezugskurses dem Vorstand, wobei dem Aufsichtsrat auch hier ein Weisungsrecht zusteht, so muss die Hauptversammlung zumindest eine Obergrenze des potentiellen Ausgabekurses im Rahmen des Kapitalerhöhungsbeschlusses beschließen.[86]

4.1.2 Die bedingte Kapitalerhöhung

Eine bedingte Kapitalerhöhung wird durch eine bedarfsabhängige Kapitalbeschaffung charakterisiert, darf jedoch nur für bestimmte Zwecke, die im § 159 Abs 2 Z 1-3 AktG geregelt sind, durchgeführt werden. Darunter fallen Umtausch- und Bezugsrechte aus Wandelschuldverschreibungen[87] (Z 1), die Vorbereitung eines Zusammenschlusses mehrerer Unternehmungen[88] (Z 2) sowie die Ausgabe von Aktienoptionen an einen begünstigten

---

[84] Gem. § 116 Abs 2 AktG steht stimmrechtslosen Vorzugsaktionären dann ein Stimmrecht zu, wenn diese ihren Vorzugsbetrag des Gewinns, der ihnen aufgrund des Verzichts des Stimmrechts zusteht, nicht oder nicht vollständig ausbezahlt wurde. Dieses Stimmrecht bleibt den Vorzugsaktionären dann solange erhalten bis die Rückstände der Vorzugszahlung komplett nachgezahlt wurden. – vgl. Bydlinski/Potyka, 2009, 151f; Bydlinski/Potyka, 2010, 423f.
[85] Vgl. Drukarczyk, 2003, 319f; Wohlenberg/Altenkirch, 2006, 503; Reimann/Zekoll, 2005, 148f; Bydlinski/Potyka, 2010, 423f; Nagele/Lux, 2010c, 586ff.
[86] Vgl. Schäfer, 2002, 204f; Drukarczyk, 2003, 319f; Lechner/Egger/Schauer, 2006, 245.
[87] Die Gewährung von Umtausch- oder Bezugsrechten an Inhaber von Wandelschuldverschreibungen stellt gem. § 159 Abs 2 Z 1 AktG einen rechtsgültigen Grund für eine bedingte Kapitalerhöhung dar. Laut § 174 AktG steht den Altaktionären auch ein Bezugsrecht für Schuldverschreibungen und Genussrechte zu. – vgl. Busse, 2003, 520f; Nagele/Lux, 2010c, 587; Nagele/Lux, 2010e, 664ff.
[88] Die Vorbereitung eines Unternehmenszusammenschlusses stellt gem. § 159 Abs 2 Z 2 AktG einen gesetzlich Grund für die Durchführung einer bedingten Kapitalerhöhung dar. Im Rahmen von Unternehmenszusammenschlüssen muss aber in jedem Fall differenziert werden, ob beide Unternehmen ihre rechtliche Selbstständigkeit behalten oder eines der beiden diese beim Zusammenschluss einbüßt. Sofern eine Gesellschaft seine rechtliche und wirtschaftliche Selbstständigkeit einbüßt, spricht man von einer Verschmelzung oder Fusion durch Aufnahme (§ 219 Z 1 AktG). Bei dieser überträgt jenes Unternehmen, das seine Selbstständigkeit aufgibt, sein gesamtes Gesellschaftsvermögen auf die aufnehmende AG, wofür diese wiederum Aktien als Entgelt anbietet. Anders gestaltet sich der Fall dann, wenn beide Unternehmen ihre rechtliche Selbstständigkeit bewahren, wie etwa bei Zusammenschlüssen aufgrund von Beherrschungs- oder Gewinnabführungsverträgen gem. § 238 AktG. In diesem Fall erfolgt der Zusammenschluss, indem die übernehmende Gesellschaft Aktien der anderen erwirbt und deren bestehende Aktionäre mit eigenen Aktien abfindet. – vgl. Picot, 2002, 73; Peters/Brühl/Stelling, 2005, 49ff; Jung, 2006, 142ff; Buchwald, 2007, 34.

Personenkreis[89] (Z 3).[90] Mit einer bedingte Kapitalerhöhung schafft sich eine Aktiengesellschaft die Möglichkeit, dass sie Umtausch- und Bezugsrechte für die oben genannten Zwecke gewähren kann, wobei die Hauptversammlung lediglich eine Obergrenze festsetzt, bis zu der die Kapitalerhöhung für den vorab bestimmten Zweck durchgeführt werden darf. Natürlich verlangt auch diese Abstimmung mindestens eine Dreiviertelmehrheit im Rahmen des Kapitalerhöhungsbeschlusses[91]

Diese Form der Kapitalerhöhung kann grundsätzlich für einen unendlichen Zeitraum angesetzt werden, solange eben die betreffenden Parteien die Möglichkeit haben sollen, Aktien zu erwerben oder vom Umtausch- und/oder Bezugsrecht Gebrauch zu machen. Daraus ergibt sich, dass im Rahmen dieser Kapitalbeschaffung von vornherein nicht feststehen kann, zu welchem Zeitpunkt und in welchem Umfang von den Bezugsberechtigten Aktien erworben werden. Aus diesem Grund kommt die tatsächliche Erhöhung des Grundkapitals erst aus der Anzahl der ausgeübten Aktien zustande, wobei die nicht in Anspruch genommen Bezugsaktien nach Ablauf der festgesetzten Ausübungsfrist, die allgemein über mehrere Jahre läuft, verfallen.[92]

Das Grundkapital wird während der Laufzeit der bedingten Kapitalerhöhung praktisch sukzessive mit der Ausgabe jeder einzelnen Umtausch- und Bezugsaktie erhöht und eine spätere Sammeleintragung im Firmenbuch hat eine rein deklarative Wirkung[93]. Zu beachten sei jedoch, dass lt. § 159 Abs 4 AktG das Kapital im Rahmen einer bedingten Kapitalerhöhung um maximal 50% des zur Zeit der Beschlussfassung vorhandenen Grundkapitals

---

[89] Die Durchführung einer bedingten Kapitalerhöhung zum Zweck der Gewährung von Aktienoptionen für einen begünstigten Personenkreis wird im § 159 Abs 2 Z 3 AktG definiert. Unter dem begünstigten Personenkreis versteht man hier Arbeitnehmer, leitende Angestellte und Mitglieder des Vorstands oder des Aufsichtsrats der betreffenden Gesellschaft oder einem damit verbunden Unternehmen. Den Mitarbeitern oder Organmitgliedern der Aktiengesellschaft werden hierbei zumeist im Rahmen einer bedingten Kapitalerhöhung Aktienoptionen gewährt, sodass der begünstigte Personenkreis über eine Kapitalbeteiligung entweder in Form von kostenlosen oder vergünstigten Aktien auch am Gewinn der Gesellschaft beteiligt ist. Zusätzlich besteht die Möglichkeit, dass den Arbeitnehmern Aktienoptionen gewährt werden, die das Recht verbriefen, Aktien ihres Unternehmens zu einem bestimmten Zeitpunkt bzw. innerhalb einer festgesetzten Frist zu einem im Vorhinein definierten Preis zu erwerben. Hierbei werden unter Arbeitnehmern all jene Personen erfasst, die in einem aufrechten Dienstverhältnis mit dem Unternehmen stehen. – vgl. Weber, 2001, 19ff; Weber, 2002, 369; Wilke/Voß, 2003, 50; Volkart, 2008, 666; Heinsius/Kremp, 2010, 272f.
[90] Vgl. § 159 Abs 2 Z 1-3 AktG.
[91] Vgl. Hentze/Heinecke/Kammel, 2001, 436; Busse, 2003, 241; Volkart, 2008, 666; Nagele/Lux, 2010c, 586ff.
[92] Vgl. Deyerling, 2001, 229f; Dietz, 2004, 58ff; Heinsius/Kremp, 2010, 272f.
[93] Unter deklarativer bzw. deklaratorischer Wirkung versteht man hier, dass die eingetretene Rechtsfolge des Bezugs der Aktien mit der Sammeleintragung ins Firmenbuch nur mehr als Beweismittel für den abgeschlossenen Vertrag dient, sodass der Firmenbucheintrag lediglich einen formalen Akt darstellt. - vgl. Karollus, 1991, 72.

erhöht werden darf; sollte aber die Ausgabe zum Zweck eines begünstigten Personenkreises lt. § 159 Abs 2 Z 3 AktG erfolgen, wird laut Gesetz nur eine Erhöhung um maximal 10% des vorhandenen Grundkapitals gestattet. Zusätzlich muss gem. § 166 Abs 1 AktG immer die volle Einlage geleistet werden, wenn im Zuge einer bedingten Kapitalerhöhung Aktien gezeichnet werden.[94]

4.1.3 Das genehmigte Kapital

Beim genehmigten Kapital beschließt die Hauptversammlung keine konkrete Kapitalerhöhung, sondern ermächtigt lediglich den Vorstand dazu, dass dieser das Grundkapital durch die Ausgabe neuer Aktien gegen Einlagen bis zu einem bestimmten Betrag erhöhen kann. Diesem Beschluss stehen keinerlei verpflichtende Maßnahmen gegenüber, sondern dieser gewährt dem Vorstand ausschließlich einen größeren Handlungsspielraum, sodass er schneller und flexibler nach pflichtgemäßem Ermessen Kapital durch die Ausgabe neuer Aktien beschaffen kann, wenn er es für nötig hält. Daraus ergibt sich für den Vorstand die Möglichkeit, dass er gute Emissionszeitpunkte ausnutzen und auf den Markt flexibler reagieren kann. In jedem Fall entsteht hier ein Bezugsrecht für Altaktionäre, sobald der Vorstand diese Ermächtigung in Anspruch nimmt, sofern es nicht aus einem wesentlichen Grund ausgeschlossen wird.[95]

Grundsätzlich kann eine Ermächtigung des Vorstands bereits in der Gründungssatzung der jeweiligen Aktiengesellschaft gem. § 169 Abs 1 AktG enthalten sein, oder aber auch erst durch eine nachträgliche Satzungsänderung erwirkt werden, wobei diese lt. § 169 Abs 2 AktG von mindestens einer Dreiviertelmehrheit des bei der Beschlussfassung vertretenen Grundkapitals beschlossen werden muss. In jedem Fall darf aber eine derartige Ermächtigung zur Durchführung einer Kapitalerhöhung nur dem Vorstand übertragen werden, wobei diese Änderung der Satzung erst mit der Eintragung ins Firmenbuch rechtskräftig wird. In der Satzung müssen außerdem der maximale Erhöhungsbetrag sowie eine Frist, in der diese Ermächtigung bestehen bleibt, festgesetzt werden. In jedem Fall darf diese Frist gem. § 169 AktG aber längstens für fünf Jahre, ab der Eintragung in die Satzung, gewährt

---

[94] Vgl. Bieber, 2001, 21ff; Hentze/Heinecke/Kammel, 2001, 436; Drukarczyk, 2003, 328ff; Becker, 2009, 153; Andenas/Wooldridge, 2009, 206; Nagele/Lux, 2010c, 587 und 592ff und 610f.
[95] Vgl. Reimann/Zekoll, 2005, 149f; Volkart, 2008, 666; Andenas/Wooldridge, 2009, 206; Becker, 2009, 153.

werden und der Erhöhungsbetrag darf lt. § 169 Abs 3 AktG auf keinen Fall „die Hälfte des zur Zeit der Ermächtigung vorhandenen Grundkapitals"[96] übersteigen.[97]

Während der eingeräumten Frist kann der Vorstand jederzeit eine Kapitalerhöhung durchführen, wobei der Beschluss darüber weder eintragsbedürftig noch eintragsfähig ist, da bereits die Ermächtigung für das genehmigte Kapital in der Satzung und im Firmenbuch eingetragen wurde.[98] Trotzdem kann der Vorstand gem. § 169 Abs 3 Satz 2 AktG die neuen Aktien im Rahmen des genehmigten Kapitals nur mit Zustimmung des Aufsichtsrats ausgeben.[99] Des Weiteren gilt auch für das genehmigte Kapital der § 153 AktG, weil § 170 Abs 1 AktG auf diesen verweist, sodass auch hier ein Bezugsrecht für die Aktionäre besteht, wobei der Anspruch entsteht, sobald der Vorstand eine Durchführung einer Kapitalerhöhung beschließt und der Aufsichtsrat der Ausgabe neuer Aktien zustimmt. In diesem Fall muss der Vorstand die Bedingungen der Kapitalerhöhung und Ausgabe der Aktien unter Zustimmung des Aufsichtsrats bekannt machen und dann auch eine Ausübungsfrist für die Altaktionäre festsetzen, innerhalb welcher diese ihr Bezugsrecht ausnützen können. Sollte der Vorstand innerhalb der festgesetzten Frist keine Kapitalerhöhung durchführen, so gilt diese Ermächtigung nach Ablauf der Frist als erloschen.[100]

4.1.4 Das genehmigte bedingte Kapital

Das genehmigte bedingte Kapital stellt eine Kombination der bedingten Kapitalerhöhung und des genehmigten Kapitals dar, um die Vorteile der beiden Erhöhungsformen zu optimieren. Wie beim genehmigten Kapital wird auch hier der Vorstand für einen gewissen Zeitraum, der fünf Jahre nicht übersteigen darf, dazu ermächtigt, eine Kapitalerhöhung durchzuführen, wobei es sich in diesem Fall aber um eine bedingte Kapitalerhöhung handelt, die nur für Zwecke gem. § 159 Abs 3 AktG erfolgen darf. Häufig wird das genehmigte bedingte Kapital für die Ausgabe von Aktienoptionen an Arbeitnehmer, leitende Angestellte und Mitglieder des Vorstands gewährt, damit der Vorstand in Bezug auf Personalentwicklungen noch flexibler reagieren kann.[101]

---

[96] Heidinger/Schneider, 2007, 330.
[97] Vgl. Drukarczyk, 2003, 327f; Martinius, 2005, 472; Nordhues, 2009, 543; Nagele/Lux, 2010d, 619f.
[98] Vgl. Deyerling, 2001, 230.
[99] Vgl. § 169 Abs 3 AktG.
[100] Vgl. Deyerling, 2001, 230; Schulz, 2010, 137f.
[101] Vgl. Weber, 2001, 24f; Nagele/Lux, 2010d, 619f.

Durch die Ermächtigung für die Durchführung eines genehmigten bedingten Kapitals ergibt sich der Umstand, dass der genaue Zweck und die detaillierten Bedingungen erst zum Zeitpunkt der Durchführung definitiv feststehen müssen. Ein weiterer Vorteil dieser Kombination entsteht durch die Tatsache, dass die neuen Aktien erst zum Zeitpunkt ihrer Ausübung geschaffen werden, wobei im Vorhinein nur eine maximale Anzahl an jungen Aktien festgelegt wird, die aber nicht ausgenutzt werden muss. Hierbei sei aber zu beachten, dass die Vorschriften der bedingten Kapitalerhöhung bezüglich der Erhöhung des Grundkapitals zum Tragen kommen.[102] Zusätzlich müssen auch bei dieser Form im Rahmen des Hauptversammlungsbeschlusses zur Gewährung einer Ermächtigung sowohl der Zweck als auch der maximale Erhöhungsbetrag festgelegt werden. Trotzdem ermöglicht ein genehmigtes bedingtes Kapital, sofern es für die Ausgabe von Aktienoptionen verwendet wird, dass der Vorstand flexibel auf den Arbeitsmarkt reagieren kann und selbstständig Gehaltszusagen oder ähnliches in Form von Aktienoptionen an Mitarbeiter ausgeben kann, auch wenn schlussendlich die Durchführung nur mit Zustimmung des Aufsichtsrats erfolgen kann.[103]

4.2 Abwicklung des Bezugsrechts

Trotz der Tatsache, dass sich für das Bezugsrecht je nach Kapitalerhöhungsform einige Unterschiede ergeben können, gibt es dennoch eine gewisse Reihenfolge bezüglich des Prozesses der Abwicklung des Bezugsrechts, die grundsätzlich für alle Formen der Kapitalbeschaffung gleich ist. Prinzipiell beginnt der erste Schritt für ein Bezugsrecht schon im Rahmen des Hauptversammlungsbeschlusses über eine potentielle Kapitalerhöhung, geht weiter über die Bekanntmachung der Kapitalerhöhung und der Rahmenbedingungen zur eigentlichen Ausübung des Bezugsrechts bis hin zur endgültigen Zeichnung der neuen Aktien.[104] In den folgenden Kapiteln sollen die einzelnen Schritte und Rahmenbedingungen bezüglich der Ausübung bzw. anderweitigen Verwertung bei Nichtinanspruchnahme näher erläutert werden.

---

[102] Siehe dazu Kapitel 4.1.2.
[103] Vgl. Deyerling, 2001, 230; Weber, 2002, 370; Becker, 2009, 153; Schulz, 2010, 137f.
[104] Vgl. Frodermann/Becker, 2009, 187ff.

4.2.1 Kapitalerhöhungsbeschluss

Eine Erhöhung des Grundkapitals kann bei einer Aktiengesellschaft immer nur von der Hauptversammlung beschlossen werden, wobei mindestens eine Dreiviertelmehrheit gem. § 146 Abs 1 AktG erforderlich ist. Der Kapitalerhöhungsbeschluss der Hauptversammlung soll die Aktionäre hier schützen, indem diese selbst mit ihrer Stimmabgabe mitbestimmen können. Im Rahmen des Kapitalerhöhungsbeschlusses wird nicht nur über eine etwaige Durchführung abgestimmt, sondern auch gleichzeitig über alle Rahmenbedingungen wie etwa über einen möglichen Bezugsrechtsausschluss, den Ausgabekurs, die Ausgabefrist und ähnliches. Damit ein Kapitalerhöhungsbeschluss überhaupt erfolgen kann, muss die Hauptversammlung fristgerecht einberufen werden. In dieser Einberufung muss aber nicht nur die Tagesordnung, sondern auch all jene Punkte, über die abgestimmt werden soll, dargelegt werden.[105]

4.2.2 Bekanntmachung

Bevor eine Kapitalerhöhung durchgeführt werden kann, muss diese genauso wie alle Rahmenbedingungen der Durchführung und eines etwaigen Bezugsrechts bekannt gemacht werden. Gem. § 153 Abs 2 AktG ist unter anderem nicht nur die Ausübungsfrist des Bezugsrechts, sondern auch die Veröffentlichung des Ausgabebetrags in den Bekanntmachungsblättern durch den Vorstand vorgesehen. Eine derartige Bekanntmachung wird im Weiteren durch den § 18 AktG genauer geregelt, indem dieser vorschreibt, dass derartige Veröffentlichungen in jedem Fall in der Wiener Zeitung zu erscheinen haben und gegebenenfalls auch in anderen Blättern, die in der Satzung der betreffenden Aktiengesellschaft vorgesehen sind. Die Frist beginnt dann schließlich am Tag nach der Publikation im letzten Blatt. Hierbei ist aber noch zu beachten, dass das unmittelbare Bezugsrecht gem. § 153 Abs 2 AktG bekanntgemacht werden muss, während sich die Bekanntmachungspflicht des mittelbaren Bezugsrechts laut § 153 Abs 6 Satz 2 AktG ergibt. Diese Pflicht entfällt aber, sobald das Bezugsrecht im Rahmen einer Kapitalerhöhung gänzlich ausgeschlossen wurde.[106]

Neben der Ausgabefrist muss aber auch der Ausgabebetrag bzw. Bezugskurs, der im Rahmen des Kapitalerhöhungsbeschlusses in der Hauptversammlung festgesetzt wurde,

---

[105] Vgl. Hirte, 2000, 221ff; Moroglu, 2003, 99f; Heidinger/Schneider, 2007, 297ff; Töpfer, 2007, 341; Frodermann/Becker, 2009, 170f.
[106] Vgl. Jabornegg, 2006b, 197f; Andenas/Wooldridge, 2009, 205f; Brix, 2009, 47ff.

veröffentlich werden. Gem. § 149 Abs 3 AktG ist es aber auch möglich, dass nur ein Mindestausgabebetrag festgesetzt wird, über dem letztendlich die Aktien verkauft werden sollen. In einem derartigen Fall muss freilich dieser Mindestbetrag veröffentlicht werden. Im Weiteren dürfen jedoch junge Aktien gem. § 9 Abs 1 AktG niemals unter pari ausgegeben werden; das heißt, dass neue Aktien zumindest zum Nennbetrag begeben werden müssen. Ansonsten hat die Hauptversammlung jeglichen Spielraum bei der Festsetzung des Ausgabepreises. Vor allem bei der Veräußerung der Aktien an Dritte, für die kein Bezugsrecht in Anspruch genommen wurde, liegt es im Interesse der Altaktionäre, dass diese zu einem höheren Kurs begeben werden. In diesem Zusammenhang steht es der Hauptversammlung allgemein frei, in welcher Weise diese zur Festlegung des Ausgabekurses kommt, wobei sie die Aufgabe der Ermittlung des Kurses auch dem Aufsichtsrat oder dem Vorstand übertragen kann.[107]

Neben der Veröffentlichung der Ausgabefrist und des Ausgabebetrages sind auch noch weitere Details bezüglich der Kapitalerhöhung und des Bezugsrechts bekannt zu machen. Darunter fallen unter anderem der Kapitalerhöhungsbeschluss sowie der Erhöhungsbetrag des Grundkapitals und das Bezugsverhältnis. Dies dient dazu, dass die Bezugsberechtigten über alle Bedingungen im Zusammenhang mit der Ausübung des Bezugsrechts Bescheid wissen.[108]

4.2.3 Ausübung des Bezugsrechts

4.2.3.1 Berechtigung durch Legitimation

Zur Ausübung des Bezugsrechts sind nur jene Personen berechtigt, die gegenüber der Aktiengesellschaft legitimiert sind, ihre Mitgliedschaftsrechte auszuüben. Diese Legitimation ist abhängig von der betreffenden Aktiengattung, die ein Aktionär hält. Während bei gewöhnlichen Inhaberaktien jener legitimiert ist, der die Besitzurkunde der Aktien hält, sind hingegen bei Namensaktien nur jene Aktionäre berechtigt, die als Aktionär im Aktienbuch eingetragen sind. Bei Namensaktien ist nämlich der Inhaber gem. § 65 Abs 1 AktG ins Aktienbuch der Gesellschaft einzutragen und erst nach einer derartigen Eintragung kann ein Bezugsanspruch geltend gemacht werden.[109]

---

[107] Vgl. Geist, 2006c, 116f; Andenas/Wooldridge, 2009, 205f.
[108] Vgl. Frodermann/Becker, 2009, 193.
[109] Vgl. Fugger, 2000, 24f; Töpfer, 2007, 336f.

4.2.3.2 Bezugserklärung

Laut § 153 Abs 1 AktG steht jedem Aktionär zu, dass er einen Anteil an den neuen Aktien erwerben kann, wobei das gesetzliche Bezugsrecht durch den Kapitalerhöhungsbeschluss im Rahmen der Hauptversammlung zum konkreten Bezugsanspruch wird. Wenn der Aktionär sein Bezugsrecht in Anspruch nehmen möchte, so hat er dies mittels einer sogenannten „Bezugserklärung" gegenüber der Aktiengesellschaft innerhalb einer im Rahmen des Kapitalerhöhungsbeschlusses festgesetzten Frist bekannt zu geben, wobei es sich hier um eine eher formlose und einseitige Willenserklärung von Seiten des Aktionärs handelt.[110]

Die Bezugserklärung dient für die Aktiengesellschaft zur Feststellung, wie viele Aktionäre vom Bezugsrecht Gebrauch machen möchten, um dann die restlichen neuen Aktien anderweitig zu veräußern. Laut § 153 Abs 1 AktG handelt es sich hier vorerst nur einmal um eine Zuteilung der neuen Aktien[111], wobei der Bezugsanspruch erst im Rahmen des Abschlusses eines Zeichnungsvertrages erfüllt wird. Die Bezugserklärung verpflichtet aber den Altaktionär noch lange nicht zur Zeichnung, sondern soll lediglich zeigen, dass dieser Interesse an der späteren Zeichnung junger Aktien hat. Eine endgültige Zeichnung von neuen Aktien geschieht erst im Rahmen einer Zeichnungserklärung gem. § 152 AktG. Das Bezugsrecht kann innerhalb der Frist, aber auch noch nach einer Bezugserklärung, veräußert werden, solange noch kein Zeichnungsvertrag abgeschlossen wurde. Hat der Altaktionär bereits eine Bezugserklärung abgegeben, so muss der Käufer des Bezugsrechts keine neue Erklärung abgeben; auch er muss diese Aktien letztendlich nicht zeichnen.[112]

Werden im Rahmen einer Kapitalerhöhung „Bruchteilsrechte"[113] begeben, so können sich mehrere Bezugsberechtigte mit Bezugsrechtsansprüchen zusammenschließen, wenn sie ihre „Bruchteilsrechte" nicht verkaufen oder ergänzende Teile erwerben möchten. Gemeinsam können die Aktionäre die vollständigen Bezugsrechte ausüben und aufgrund dieser neue Aktien zeichnen. Ein derartiger Zusammenschluss stellt eine Rechtsgemeinschaft an neuen Aktien gem. § 63 AktG dar, wobei die Aktionäre an einer oder möglicherweise auch an mehreren gemeinsam gezeichneten Aktien gemäß ihren Bezugsbruchteilen beteiligt

---

[110] Vgl. Marsch-Barner, 2008, 1149; Frodermann/Becker, 2009, 189.
[111] Für nähere Informationen zur Zeichnung neuer Aktien siehe Kapitel 4.2.6.
[112] Vgl. Wellner, 2004, 58ff; Nagele/Lux, 2010b, 551ff und 560ff.
[113] Für genauere Informationen siehe Kapitel 3.1.

sind. Es steht jedem Aktionär aber auch frei, dass er eigenständig weitere „Bruchteilsrechte" erwirbt oder die restlichen veräußert.[114]

Jedem Aktionär steht selbst frei, ob er das Bezugsrecht in Anspruch nehmen oder lieber veräußern möchte. Sofern ein bestehender Aktionär seine Aktien von einer Bank verwalten lässt, ist diese gem. Z 72 ABB dazu verpflichtet, dass sie den Aktionär über die Bezugsbedingungen und die Ausübungsfrist rechtzeitig informiert, damit dieser selbst entscheiden kann, wie er bezüglich seines Bezugsrechts vorgehen möchte. Die Bank darf aber keinerlei Aktivitäten durchführen, solange diese keine ausdrückliche Weisung des Aktionärs erhält, da sie anderenfalls gegenüber dem Aktionär schadensersatzpflichtig werden kann. Eine Ausnahme ergibt sich gem. Z 72 ABB aber, wenn der Aktionär nicht erreichbar ist und dieser innerhalb der Frist keine Weisung erteilt. In diesem Fall ist die Bank sogar dazu verpflichtet, dass diese die Bezugsrechte, die ansonsten verfallen würden, zum letztmöglichen Zeitpunkt im Sinne des Aktionärs veräußert.[115]

4.2.4 Verwertung des Bezugsrechts bei Nichtinanspruchnahme

Das Bezugsrecht muss, wie schon erwähnt wurde, von den Altaktionären nicht notwendigerweise ausgenützt werden. Damit diese aber einen Vorteil aus ihrem Mitgliedschaftsrecht ziehen können, kann dieses Recht auch anderweitig verwertet werden. Das Bezugsrecht wird nämlich durch einen sogenannten Bezugsrechtsabschlag von den alten Aktien getrennt und kann somit auch alleine am Aktienmarkt gehandelt werden. Die Übertragung des Bezugsrechts ist dann jeweils von der ursprünglichen Aktie abhängig, wobei dieses Recht allgemein als Bezugsrecht genauso wie die Aktien auf dem Aktienmarkt gehandelt werden können, wie im Folgenden beschrieben wird.[116]

4.2.4.1 Übertragung durch Zession

Im Rahmen der Übertragbarkeit der Bezugsrechte spielt im weitesten Sinne auch die Übertragbarkeit der Aktien eine wesentliche Rolle. Inhaberaktien können etwa einfach durch die Weitergabe des Inhaberpapiers übertragen werden, während für Namensaktien ein Indossament oder eine Zession notwendig ist. Ähnlich gestaltet sich dies auch bei der

---

[114] Vgl. Roth, 1992a, 104f; Wienecke, 2008a, 437ff.
[115] Vgl. Götte, 2001, 64f; Iro/Koziol, 2001, 228ff.
[116] Vgl. Busse, 2003, 239; Groot, 2008, 46.

Übertragung des Bezugsrechts, wobei dies immer von der Art der Aktien abhängt, die ein Altaktionär besitzt. Besitzt ein bestehender Aktionär Inhaberaktien, so kann er das Bezugsrecht – genauso wie seine Aktien selbst – einfach durch die Übereignung der Urkunde auf jemand anderen übertragen. Das Bezugsrecht der Namensaktie kann nur mittels Notariatsakt übergeben werden, wobei dieser entweder durch Zession oder Indossament erfolgen muss.[117]

4.2.4.2 Bezugsrechtshandel

Mit Beginn der Bezugsfrist wird das Bezugsrecht von den alten Aktien abgesplittet, sodass dieses getrennt vom Aktienbesitz ausgeübt oder auch im Rahmen des Bezugsrechtshandels an der Börse oder im freien Handel verkauft werden kann. Sofern das Bezugsrecht am Aktienmarkt gehandelt wird, ergibt sich während der Bezugsfrist – ähnlich wie bei den Aktien – ein Kurs aufgrund des Angebots und der Nachfrage, welcher sich über die Dauer der Bezugsfrist verändern kann.[118] In der Regel endet der Bezugsrechtshandel zwei Tage vor Ablauf der Bezugsfrist für neue Aktien, wobei allgemein der Bezugsanspruch bis einen Tag vor Ablauf der Bezugsfrist in Anspruch genommen werden kann, da das Emissionskonsortium Zeit für die organisatorische Durchführung der Ausgabe der neuen Aktien benötigt. Während der Bezugsfrist werden also die alten Aktien und die Bezugsrechte parallel auf dem Aktienmarkt gehandelt. Sobald der Bezugsrechtshandel beginnt, sind jedoch die bisherigen Aktien nur mehr ex Bezugsrecht, das heißt ohne jeglichen Bezugsrechtsanspruch, zu erwerben.[119]

Das Bezugsrecht stellt also nach der Abspaltung von den Aktien ein selbständig veräußerbares und übertragbares Recht dar, sodass es auch dann verkauft werden kann, wenn es als mittelbares Bezugsrecht begeben wird. Es stellt letztendlich für die Aktionäre keinen Unterschied dar, von wem sie das Bezugsrecht erhalten; ob nun von der Aktiengesellschaft selbst oder von einem oder mehreren Kreditinstituten, sofern diese die Aufgabe der Ausgabe der neuen Aktien übernommen haben. Der Bezugsrechtshandel soll schließlich nur den bestehenden Aktionären die Möglichkeit geben, dass sie ihre Rechte veräußern können, sofern sie diese nicht in Anspruch nehmen möchten, damit sie die Werteinbußen durch die Nichtausübung ihrer Rechte ausgleichen können. Anderseits bietet

---

[117] Vgl. Korndörfer, 2003, 79f; Pölert, 2007, 47; Hierl/Huber, 2008, 53f; Wilhelm, 2009, 234 und 275.
[118] Für nähere Informationen zum Wert des Bezugsrechts siehe Kapitel 3.5.
[119] Vgl. Helfert, 2001, 351; Fischer, 2005, 183; Ketzler, 2005, 21f; Groot, 2008, 46; Michalky/Schittler, 2008, 989f.

dieser Handel auch neuen Aktionären die Chance, dass sie Bezugsrechte erwerben können und sich durch diese einen Anspruch auf junge Aktien sichern können.[120]

4.2.5 Ausübungsfrist des Bezugsrechts

4.2.5.1 Fristbestimmung

Der § 153 Abs 1 AktG schreibt nicht nur vor, dass dem Aktionär im Rahmen einer Kapitalerhöhung ein Bezugsrecht eingeräumt, sondern auch, dass mindestens eine Frist von zwei Wochen für die Ausübung des Bezugsrechts gewährt werden muss. Der Gesetzgeber bezweckt damit, dass einerseits der Aktionär genügend Zeit hat, um eine Entscheidung bezüglich des Bezugsrechts treffen zu können und gegebenenfalls die notwendigen finanziellen Mittel für die Ausübung beschaffen kann. Andererseits ist diese Frist für die Aktiengesellschaft von Bedeutung, damit sie innerhalb eines gewissen Zeitraums einschätzen kann, wie viele Bezugsrechte von den Altaktionären voraussichtlich in Anspruch genommen werden, sodass die Aktiengesellschaft die restlichen jungen Aktien anderweitig am Markt platzieren kann.[121]

Allgemein kann eine Bezugsfrist für alle Kapitalerhöhungen einer Gesellschaft in der Satzung im Vorhinein festgesetzt sein. Anderenfalls muss über die Ausübungsfrist im Rahmen des Kapitalerhöhungsbeschlusses in der Hauptversammlung abgestimmt werden. In jedem Fall muss die Frist gem. § 153 Abs 1 Satz 2 AktG mindestens zwei Wochen betragen. Wird jedoch verabsäumt eine Frist festzulegen, kann das Bezugsrecht bis zur Anmeldung der Kapitalerhöhung gem. § 152 Abs 1 Z 4 AktG im Firmenbuch ausgeübt werden. Damit das Bezugsrecht überhaupt in Anspruch genommen werden kann und die Fristbestimmung wirksam wird, müssen gem. § 153 Abs 2 AktG vorab die Rahmenbedingungen veröffentlicht werden. Es reicht hierbei aber eine öffentliche Publikation in den Bekanntmachungsblättern aus, wie bereits in Kapitel 4.2.2 beschrieben wurde. Die Frist beginnt dann sofort am Tag nach der öffentlichen Bekanntmachung und endet nach frühestens zwei Wochen oder einem längeren festgesetzten Zeitraum.[122]

---

[120] Vgl. Fugger, 2000, 41ff; Schlitt/Seiler, 2003, 2181; Töpfer, 2007, 341ff; Arnold, 2008, 383; Shim/Siegel, 2008, 296.
[121] Vgl. Schlitt/Seiler, 2003, 2179f.
[122] Vgl. Andenas/Wooldridge, 2009, 205; Nagele/Lux, 2010b, 552ff und 563.

Bei der Ausübung des Bezugsrechts handelt es sich, wie bereits in Kapitel 4.2.3.2 beschrieben, lediglich um die Abgabe einer Bezugserklärung, sodass die Zeichnung der neuen Aktien noch extra erfolgen muss. Aus diesem Grund muss eine zusätzliche Zeichnungsfrist festgesetzt werden, die entweder nach Ablauf der Ausübungsfrist beginnt oder aber schon parallel mit dieser läuft, wobei die Zeichnungsfrist nie vor der Ausübungsfrist ablaufen darf.[123]

4.2.5.2 Rechtsfolgen bei Fristablauf

Nach Ablauf der festgesetzten Frist erlischt der Bezugsanspruch jener Aktionäre, die diesen nicht genutzt haben, sodass Bezugsberechtigte danach keinerlei Anspruch mehr auf die Zeichnung neuer Aktien haben. Dies ergibt sich aus dem Tatbestand, dass es sich bei der Ausübungsfrist des Bezugsrechts um eine Ausschlussfrist handelt; das heißt, dass nach Ablauf der Frist jene Aktionäre ausgeschlossen werden, die ihren Bezugsanspruch nicht geltend gemacht haben. Diese Aktionäre haben auch kein Anrecht auf die übrig gebliebenen Aktien. Es ist vielmehr die Aufgabe der Aktiengesellschaft, dass diese die restlichen Aktien anderweitig verwertet, indem sie diese „bestmöglich" im Sinne der bestehenden Aktionäre veräußert.[124]

Obwohl für jene Aktionäre, die bezüglich der Handhabung ihrer Bezugsrechte weder eine Weisung an ihre Bank erteilt noch selbst gehandelt haben, das Bezugsrecht erlischt, ist dieses dennoch nicht wertlos verloren, sofern es im Rahmen der betreffenden Kapitalerhöhung einen Bezugsrechtshandel gibt. Wie nämlich bereits in Kapitel 4.2.3.2 erklärt wurde, darf eine Bank generell keine Handlungen setzen ohne vorher einen konkreten Auftrag des Aktionärs erhalten zu haben, mit einer Ausnahme: nämlich wenn der Anteilinhaber innerhalb der Bezugsfrist nicht erreichbar ist oder auch keine Weisung erteilt, denn dann ist es sogar die Pflicht der Bank, die Bezugsrechte, die verfallen würden, zum letztmöglichen Zeitpunkt im Sinne des Aktionärs zu veräußern. Dies bedeutet zwar, dass der Bezugsanspruch erlischt, aber der jeweilige Anteilinhaber dennoch den Erlös aus dem Verkauf seiner Rechte erhält.[125]

---

[123] Vgl. Wellner, 2004, 64.
[124] Vgl. Schlitt/Seiler, 2003, 2183; Chechile, 2004, 27f; Westermann, 2008, 295ff.
[125] Vgl. Schlitt/Seiler, 2003, 2183; Arnold, 2008, 383f.

4.2.6 Zeichnung der neuen Aktien

In Kapitel 4.2.3.2 wurde bereits verdeutlicht, dass die Bezugserklärung lediglich dazu dient, dass Aktionäre bekannt geben, dass sie in Erwägung ziehen, neue Aktien im Rahmen der Kapitalerhöhung zu beziehen. In diesem Zusammenhang wurde auch schon beschrieben, dass dadurch noch keine Verpflichtung zu einem tatsächlichen Erwerb der neuen Aktien entsteht. Ganz anders sieht dies bei der Zeichnung der neuen Aktien aus, da durch diese die Durchführung der Kapitalerhöhung beginnt. Aus diesem Grund stellen die Bezugserklärung und die Zeichnung junger Aktien zwei verschiedene Rechtsgeschäfte dar. Es ist jedoch möglich, diese beiden durch eine Urkunde zu verbinden, wobei auch hier die Formvorschriften gem. § 152 AktG im Rahmen der Zeichnung von jungen Aktien eingehalten werden müssen. Die Durchführung der Kapitalerhöhung durch die Zeichnung von neuen Anteilsrechten muss auch ins Firmenbuch eingetragen werden, damit die Kapitalerhöhung gem. § 156 AktG überhaupt wirksam wird und die Mitgliedschaftsrechte aus dem Bezugsrecht frühestens ab diesem Zeitpunkt entstehen können.[126]

In den meisten Fällen stellt der Aktionär nach einer Bezugserklärung und während der Zeichnungsfrist ein Angebot an die Aktiengesellschaft bezüglich des Erwerbs von jungen Aktien. Es kann aber durchaus auch von der Gesellschaft ein Antrag auf einen Abschluss eines Zeichnungsvertrages gestellt werden, wobei es sich dann aber um eine rechtsgeschäftliche und empfangsbedürftige Willenserklärung[127] nach §§ 861ff ABGB handelt. Wichtig ist in jedem Fall, dass der Zeichnungsschein jene inhaltlichen Merkmale aufweist, die im § 152 Abs 1 Z 1-4 AktG vorgeschrieben werden, da dieser anderenfalls als nichtig angesehen wird (§ 152 Abs 2 AktG). Der Zeichnungsvertrag kommt dann auch nur durch eine übereinstimmende Willenserklärung[128] der Aktiengesellschaft und des Aktionärs und durch deren Zeichnung zustande. Hierbei stellt der Zeichnungsvertrag aber kein Wertpapier dar, sondern eine Beweisurkunde, deren Schriftform durch den § 886 ABGB genauer bestimmt wird. Sobald der Aktionär die neuen Aktien zeichnet, hat er seinen Bezugsan-

---

[126] Vgl. Wellner, 2004, 69ff; Nagele/Lux, 2010b, 551ff und 578f.
[127] Unter einer empfangsbedürftigen Willenserklärung versteht man, dass im Rahmen einer Absprache bzw. eines Vertrages der Erklärende nicht nur seinen Willen oder Wunsch bekunden muss, sondern dass dieses Begehren auch beim Erklärungsempfänger selbst ankommen muss, damit die Willenserklärung rechtsgültig wird. – vgl. Schade, 2009, 28; Boemke/Ulrici, 2009, 64.
[128] Unter einer übereinstimmenden Willenserklärung versteht man, dass alle an einem Vertragsabschluss oder einer ähnlichen Vereinbarung beteiligten Parteien sich bei dem betreffenden Tatbestand auf eine Meinung einigen müssen, sodass deren Wünsche bzw. deren Wille übereinstimmt. Anderenfalls kann kein Rechtsgeschäft zustande kommen. – vgl. Boecken, 2007, 118.

spruch geltend gemacht und kann daher sein Bezugsrecht nicht mehr übertragen.[129] Des Weiteren darf er die neuerworbenen Anteilsrechte gem. § 158 AktG nicht veräußern, solange die Durchführung der Kapitalerhöhung nicht ins Firmenbuch eingetragen wurde.[130]

4.3 Verletzung des Bezugsrechts

4.3.1 Entstehung einer Verletzung des Bezugsrechts

Eine Verletzung des Bezugsrechts entsteht allgemein dann, wenn einem Bezugsberechtigten keine neuen Aktien zugeteilt werden, obwohl dieser eine Bezugserklärung oder eventuell sogar bereits eine Zeichnungserklärung abgegeben hat. Solange die jungen Aktien nur überzeichnet werden, weil mehr Zeichnungen eingegangen sind als für die Kapitalerhöhung beschlossen wurden, so entsteht vorerst noch keine Verletzung des Bezugsrechts. Es muss aber geprüft werden, wem bei der Überzeichnung die Aktien zugeteilt werden sollen. Gemäß dem Prioritätsprinzip[131] haben generell jene Zeichnungsverträge Vorrang, die bis zur Erlangung des Erhöhungs- oder Höchstbetrages gezeichnet wurden, wobei dieser Grundsatz gem. § 154 Abs 1 AktG zugunsten der Bezugsberechtigten durchbrochen wird, sofern das gesetzliche Bezugsrecht nicht ausgeschlossen wird.[132]

Wenn im Rahmen einer Überzeichnung aber neue Aktien an nicht bezugsberechtigte Dritte verteilt werden, sodass Bezugsberechtigte, die ihre Bezugsansprüche innerhalb der Frist geltend gemacht haben, keine jungen Aktien erhalten, wird das Bezugsrecht eindeutig verletzt. Dies ist ebenfalls der Fall, wenn kein fixer Erhöhungsbetrag gem. § 149 Abs 3 AktG festgelegt wird und dabei ein Bezugsberechtigter übergangen wird, sobald die Kapitalerhöhung nach Erreichung eines Mindestbetrags ins Firmenbuch eingetragen wird. Hierbei wird der Bezugsanspruch des bestehenden Aktionärs dadurch verletzt, dass einerseits die Kapitalerhöhung wirksam wird und andererseits einem nicht bezugsberechtigten Dritten die Aktien zugeteilt werden. Zu beachten ist aber in beiden Fällen, dass das Bezugsrecht von Altaktionären nur verletzt wird, wenn diese ihren Bezugsanspruch fristge-

---

[129] Vgl. Dittrich/Tades, 2007, 370ff und 396; Tades et. al., 2009, 923ff und 1109f.
[130] Vgl. § 158 AktG.
[131] Unter dem Prioritätsprinzip versteht man in der Rechtslehre, dass bei gleichen Anträgen, jenem der Vorrang gegeben wird, der zeitlich früher eingereicht wird. Dies bedeutet also, dass das zeitlich frühere Ansuchen ein stärkeres Gewicht hat und daher bevorzugt wird. – vgl. Floßmann, 2008, 150f.
[132] Vgl. Marsch-Barner, 2008, 1149ff; Frodermann/Becker, 2009, 189f.

recht geltend gemacht haben und auch die Kapitalerhöhung durch einen Eintrag ins Firmenbuch wirksam gemacht wurde.[133] [134]

4.3.2 Rechtsfolgen bei Verletzung des Bezugsrechts

Noch bevor eine endgültige Verletzung des Bezugsrechts entsteht, kann ein Aktionär, der eine Gefährdung der Erfüllung seines Bezugsanspruchs zu befürchten hat, bereits rechtliche Schritte gegen die Aktiengesellschaft einleiten. Er kann entweder seinen Bezugsanspruch in Form einer empfangsbedürftigen Willenserklärung oder durch eine Klage gegen die Aktiengesellschaft geltend machen. Da zu diesem Zeitpunkt noch keine Verletzung des Bezugsrechts, sondern lediglich eine Gefährdung des Bezugsanspruchs besteht, kann eine einstweilige Verfügung entweder auf die „Unterlassung der Ausgabe an Nichtberechtigte"[135] oder auf „Unterlassung der Durchführung der Kapitalerhöhung vor ordnungsmäßiger Erfüllung des Bezugsanspruches"[136] lauten. Durch diese Verfügung kann der Altaktionär die Zuteilung der neuen Aktien erwirken, wenn er einen gültigen Abschluss eines Zeichnungsvertrages als gefährdet ansieht, sodass erst gar keine Verletzung des Bezugsrechts entsteht.[137]

Sobald die Kapitalerhöhung durch einen Firmenbucheintrag gem. § 156 AktG wirksam wird, erlischt für den Bezugsberechtigten der Anspruch auf die Zuteilung junger Aktien, sodass er im Fall einer Verletzung des Bezugsrechts nur mehr Schadensersatz einfordern kann, um die ihm entstandenen finanziellen Schäden auszugleichen. In diesem Fall besteht für den Aktionär die Möglichkeit seine Ansprüche gegenüber der Aktiengesellschaft in Form einer Schadensersatzforderung wegen Nichterfüllung gem. § 920 ABGB[138] geltend

---

[133] Sofern der Bezugsberechtigte nicht innerhalb der Frist seine Ansprüche geltend gemacht hat, steht es der AG frei, diese Aktien auf dem Markt zu begeben. Zudem entsteht erst gar kein Bezugsanspruch, falls die Kapitalerhöhung nicht durch einen Eintrag ins Firmenbuch geltend gemacht wurde, da es dann auch keine neuen Aktien gibt. Ein Bezugsanspruch entsteht schließlich nur aus einer wirksam gewordenen Kapitalerhöhung, die in diesem Fall dann aber nicht gegeben ist. – vgl. Wellner, 2004, 73ff.
[134] Vgl. Wellner, 2004, 73ff; Nagele/Lux, 2010b, 528ff.
[135] Wellner, 2004, 72.
[136] Wellner, 2004, 72.
[137] Vgl. Wellner, 2004, 72f.
[138] Gem. § 920 ABGB steht dem Geschädigten bei Nichterfüllung des Vertrags entweder ein Schadensersatz oder die Möglichkeit zum Rücktritt vom Vertrag zu. Nachdem es sich bei der Zeichnung neuer Aktien um einen Vertrag zwischen dem Aktionär und der AG handelt, gilt dies auch für die Zuteilung neuer Aktien, sofern ihm diese aufgrund des Bezugsrechts zustehen. Aus diesem Grund steht dem geschädigten Altaktionär ein Schadensersatz wegen Nichterfüllung des Zeichnungsvertrages zu. – vgl. Bydlinski, 2005, 846f; Tades et. al., 2009, 1201ff.

zu machen, sodass ihm der entstandene Schaden aufgrund der Nichterfüllung ersetzt wird.[139]

In jedem Fall bleibt die Verpflichtung zur Übergabe der jungen Aktien an den Bezugsberechtigten weiter bestehen, auch wenn diese vertragswidrig an Nichtberechtigte vergeben wurden. Sollte die Erfüllung der Leistung noch möglich sein, so kann der Aktionär, der von der Verletzung des Bezugsrechts betroffen ist, noch auf eine Erfüllung seiner Ansprüche drängen. Dies kann etwa der Fall sein, wenn die Aktiengesellschaft eigene Aktien hält oder es ihr möglich ist, Aktien anderweitig zu erwerben, wobei die Gesellschaft auch einen höheren Bezugspreis auf sich nehmen muss, soweit sich dieser in einem zumutbaren Rahmen hält. Dem Altaktionär müssen schlussendlich Aktien im Umfang und zu jenen Konditionen, die ihm bei einem ordnungsmäßigen Erwerb im Rahmen des Bezugsanspruchs zugestanden wären, angeboten werden.[140]

Besteht bereits ein rechtsgültiger Zeichnungsvertrag, handelt es sich bei der Verletzung des Bezugsrechts bereits um den Bruch einer vertraglichen Vereinbarung. In diesem Fall hat der Altaktionär vorerst die Möglichkeit, einen vertraglichen Schadensersatz zu fordern.[141] Dies resultiert daraus, dass hier ein Verstoß gegen § 153 Abs 1 AktG vorliegt, da der Schutz der Einfluss- und Vermögenssphäre der Aktionäre verletzt wurde. Wenn es jedoch nicht möglich ist, dass die Aktiengesellschaft dem Geschädigten anderweitig Aktien im selben Ausmaß des Bezugsanspruchs zum Erwerb zur Verfügung stellen kann, so kann dieser nur mehr Geldersatzansprüche geltend machen.[142]

---

[139] Vgl. Marsch-Barner, 2008, 1150f; Tades et. al., 2009, 1201.
[140] Vgl. Moroglu, 2003, 314ff.
[141] Allgemein haftet die Aktiengesellschaft für das Verhalten des Vorstands, der für die Abwicklung der Durchführung der Kapitalerhöhung verantwortlich ist. Dies resultiert daraus, dass immer der juristischen Person bzw. dem Organträger – in diesem Fall der Aktiengesellschaft – das deliktische Verhalten der einzelnen Organe gegenüber Außenstehenden zuzurechnen ist. Es ist jedoch möglich, dass die Aktiengesellschaft einen Regressanspruch an den Vorstand stellen kann, wenn dieser den Schaden verschuldet hat und die Gesellschaft deswegen schadensersatzpflichtig wird. Erhält der Geschädigte von der Aktiengesellschaft keine Erfüllung seiner Schadensersatzforderung und kann dem Vorstand gem. § 84 Abs 5 AktG ein Vorsatz oder ein grob fahrlässiges Handeln unterstellt werden, so kann der Aktionär Ansprüche gegenüber dem Vorstand geltend machen. In diesem Fall hat der Vorstand lt. § 84 AktG die unmittelbare Haftung für den Schaden zu übernehmen, die dem Altaktionär dadurch entstanden ist, dass jene Aktien, die ihm zugestanden wären, einem nichtberechtigten Dritten zugeteilt wurden. – vgl. Habersack, 1996, 268f; Strasser, 2010a, 154ff.
[142] Vgl. Wellner, 2004, 76ff; Nagele/Lux, 2010b, 560ff.

5 Der Bezugsrechtsausschluss

Allgemein stellt das Bezugsrecht ein Grundrecht für bestehende Aktionäre im Rahmen einer Kapitalerhöhung dar, das auch gesetzlich im Aktiengesetz verankert ist. Im Gesetz sind aber dennoch auch Gründe für einen Bezugsrechtsausschluss angegeben. In jedem Fall muss über einen Bezugsrechtsausschluss immer sofort im Rahmen des Hauptversammlungsbeschlusses abgestimmt werden, wobei für beide Beschlüsse mindestens eine Dreiviertelmehrheit erreicht werden muss. Zusätzlich müssen aber auch noch diverse andere Voraussetzungen gegeben sein, damit ein Ausschluss des Bezugsrechts schlussendlich rechtsgültig durchgebracht werden kann.[143]

In den folgenden Kapiteln soll nun erläutert werden, warum die Streitfrage Bezugsrecht oder Bezugsrechtsausschluss überhaupt eine derartig große Rolle spielt.[144] Hierzu werden jene Interessensgruppen näher betrachtet, die das größte Interesse an der Gesellschaft haben und deren Interessenskonflikte anhand des Shareholder-Ansatzes sowie der Prinzipal-Agenten-Theorie charakterisiert. Darauf aufbauend sollen dann die möglichen Ausschlussbedingungen sowie die formale Vorgehensweise bei einem rechtsgültigen Ausschluss konkretisiert werden.

5.1 Unterschiedliche Interessensgruppen

Der Unternehmenserfolg hängt generell nicht nur vom Management und den Mitarbeitern ab, sondern es spielen hier noch viele weitere Faktoren eine Rolle. Bei der Aktiengesellschaft gibt es drei große Interessensgruppen, die für die Entscheidungsfindung und Führung der Unternehmung verantwortlich sind, nämlich die Hauptversammlung (Aktionäre), der Vorstand und der Aufsichtsrat (vgl. Abbildung 1). Diese drei Gruppen sind auch am meisten von einer Kapitalerhöhung sowie vom Bezugsrecht oder eines möglichen Ausschlusses von dem selbigen betroffen.[145] Um die verschiedenen Positionen besser zu verstehen und zu verdeutlichen warum hier verschiedene Sichtweisen in Bezug auf das Bezugsrecht eingenommen werden, sollen vorerst einmal kurz der Shareholder-Ansatz im Vergleich mit dem Stakeholder-Ansatz sowie anschließend die Prinzipal-Agenten-Theorie erläutert werden, bevor auf die drei oben genannten Interessensgruppen näher eingegangen wird.

---

[143] Vgl. Verse, 2006, 317.
[144] Vgl. Escher-Weingart, 2001, 262ff.
[145] Vgl. Hilb, 2005, 34; Becker, 2009, 4f.

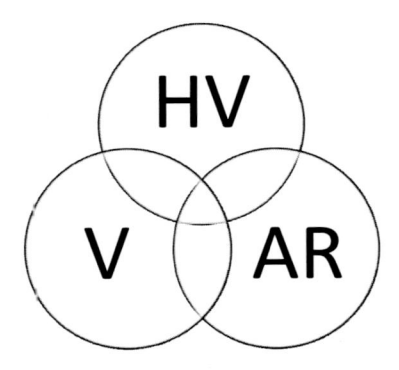

Abbildung 1: Interessensgruppen in Aktiengesellschaften[146]

5.1.1 Theoretischer Hintergrund

5.1.1.1 Stakeholder versus Shareholder

Ein Unternehmen ist in seiner Tätigkeit nicht nur von seinen Mitarbeitern sondern auch von vielen anderen Faktoren abhängig, wie zum Beispiel den Kunden, den Lieferanten, aber auch von Eigen- und Fremdkapitalgebern sowie dem Staat. Jede dieser Parteien hat aber, wie das Unternehmen selbst, seine ganz individuellen Interessen an der Gesellschaft. Diese Interessensgruppen werden auch als Stakeholder bezeichnet. Bei jeder Entscheidung muss generell auf jede einzelne Gruppe Rücksicht genommen werden, um ein optimales Funktionieren der Unternehmung zu gewährleisten. Eine besondere Stellung nehmen dabei die Eigenkapitalgeber, auch Shareholder genannt, ein, da sie durch ihren Kapitaleinsatz überhaupt erst ein Fortbestehen des Unternehmens ermöglichen.[147] Aufgrund dieser Annahme kann der Stakeholder-Ansatz vom Shareholder-Ansatz in Bezug auf Unternehmensentscheidungen unterschieden werden.

Der Stakeholder-Ansatz geht davon aus, dass auf alle Interessensgruppen, die in irgendeiner Weise vom Handeln eines Unternehmens betroffen sind, egal ob dies nun Mitarbeiter, Lieferanten oder eventuell „nur" Anrainer sind, bei Entscheidungen Bedacht genommen werden muss. Diese unterschiedlichen Gruppen sollen gemäß dieser Sichtweise bereits bei der Formulierung der Unternehmensziele sowie in allen künftigen Unternehmensentschei-

---

[146] Quelle: in Anlehnung an Neubauer/Lank, 1998, 14.
[147] Vgl. Rappaport, 1999, 6ff; Brost/Dahmen/Lippmann, 2008, 22 ff.

dungen berücksichtigt werden.[148] Im völligen Gegensatz zu dieser Theorie steht der Shareholder-Ansatz, der beschreibt, dass die Eigentümer im Rahmen von Unternehmensentscheidungen oberste Priorität haben. Diese Annahme resultiert daraus, dass in marktwirtschaftlichen Wirtschaftssystemen Entscheidungen von den Eigentümern getroffen werden, da diese zumindest mit ihrer Kapitaleinlage für das Handeln des Unternehmens haften.[149]

Der Stakeholder- und der Shareholder-Ansatz stellen zwei sehr konträre Sichtweisen bezüglich der Interessensgruppen im Rahmen von Unternehmensentscheidungen dar, wobei beide ihre Legitimation haben. Allgemein wird in der Unternehmenspraxis der westlichen Kulturkreise der Shareholder-Ansatz bevorzugt.[150] In diesem Buch soll auch diesem der Vorzug gegeben werden, da die Frage bezüglich eines möglichen Bezugsrechtsausschlusses primär die Eigentümer betrifft.

5.1.1.2 Prinzipal-Agenten-Theorie

Die unterschiedlichen Interessensgruppen rund um ein Unternehmen im Sinne des Shareholder-Value-Ansatzes führen vor allem dann zu diversen Schwierigkeiten, wenn zwischen den einzelnen Parteien Vertragsbeziehungen bestehen. Ein derartiges Problem stellt unter anderem das Prinzipal-Agenten-Problem dar, das dadurch charakterisiert wird, „dass zwei Interessensgruppen aufeinander treffen, bei der eine Partei (Agent) eine Entscheidung trifft, die nicht nur den eigenen Nutzen (den Nutzen des Agenten), sondern auch den Nutzen einer anderen Partei (Prinzipal) beeinflussen kann."[151] Das Verhältnis dieser Parteien wird durch Interessenskonflikte untereinander oder aber auch durch eine asymmetrische Informationsverteilung – indem der Agent einen Informationsvorsprung hat – erschwert.[152]

Im Fall einer Aktiengesellschaft stellt die Beziehung zwischen dem Management, sprich Vorstand und Aufsichtsrat, und den Aktionären genau so eine Prinzipal-Agenten-Beziehung dar, wobei das Management die Rolle des Agenten innehat und die Aktionäre jene des Prinzipals als Kapitalgeber. Die eigentliche Problematik dabei ist, dass das Management andere Ziele verfolgt als die Aktionäre, wobei die Aktiengesellschaft aber auch

---

[148] Vgl. Rappaport, 1999, 6ff; Skrzipek, 2005, 47f; Muche, 2008, 51ff.
[149] Vgl. Wellner, 2001, 119ff; Hungenberg, 2004, 29; Skrzipek, 2005, 9f.
[150] Vgl. Hungenberg, 2004, 29.
[151] Brost/Dahmen/Lippmann, 2008, 43.
[152] Vgl. Brost/Dahmen/Lippmann, 2008, 42 ff.

vom Geld der Kapitalgeber abhängig ist. Interessenskonflikte entstehen zum Beispiel, wenn das Management plant Einzahlungsüberschüsse für diverse Investitionen zu verwenden, während sich die Kapitalgeber möglichst hohe Ausschüttungen erwarten. Dieses Problem ergibt sich natürlich auch bei einer Kapitalerhöhung, wenn die Prinzipale aufgrund von Investitionen mit geringeren Ausschüttungen zu rechnen haben und zusätzlich einen Stimmrechtsverlust oder eine Kapitalverwässerung befürchten müssen.[153]

5.1.2 Interessen der Organe der Aktiengesellschaft

5.1.2.1 Interessen des Vorstands

Der Vorstand ist das oberste Führungsorgan in einer Aktiengesellschaft und ist für die erfolgreiche Führung der Gesellschaft im Sinne der Aktionäre verantwortlich.[154] Die Vergütung des Vorstands wird entweder von der Hauptversammlung oder vom Aufsichtsrat bestimmt, wodurch er in eine gewisse Abhängigkeit gegenüber diesen beiden Interessensgruppen gerät, sodass er deren Interessen in jedem Fall wahren sollte.[155] Trotzdem haben die Parteien teilweise unterschiedliche Interessen, welche durchaus in Widerspruch miteinander geraten können, wie bereits anhand des Prinzipal-Agenten-Problems näher erläutert wurde.[156]

Unterschiedliche Interessen entstehen auch bei der Kapitalerhöhung im Rahmen des Bezugsrechts bzw. eines Ausschlusses desselbigen, da für jede Partei je nach Durchführung der Kapitalerhöhung andere Vor- und Nachteile entstehen. Manager präferieren in der Regel einen Bezugsrechtsschluss, da die Gewährung eines Bezugsrechts für bestehende Aktionäre zu einem höheren Verwaltungsaufwand und auch zu höheren Kosten aufgrund der aufwendigen Abwicklung führt. Durch das Bezugsrecht entstehen außerdem noch zusätzliche Gebühren, die die Aktiengesellschaft tragen muss.[157] Neben den höheren Kosten und dem Verwaltungsaufwand beanstandet der Vorstand, dass durch die gesetzlich vorgeschriebene Frist für die Gewährung der Inanspruchnahme eines Bezugsrechts für Altaktionäre die Durchführung der Kapitalerhöhung viel mehr Zeit beansprucht, während bei einem Bezugsrechtsausschluss die neuen Aktien relativ rasch auf den Markt gebracht werden können und daher der Aktiengesellschaft auch viel schneller das zusätzliche

---
[153] Vgl. Hungenberg, 2006, 355ff; Brealey/Myers/Allen, 2008, 327ff; Brost/Dahmen/Lippmann, 2008, 42 ff.
[154] Vgl. Hungenberg, 2004, 33; Hüffer, 2007, 374ff.
[155] Vgl. Rappaport, 1999, 3ff; Siems, 2005, 207.
[156] Für nähere Informationen siehe Kapitel 5.1.1.2.
[157] Vgl. Moßdorf, 2010, 449f.

Grundkapital zur Verfügung steht. Da das Management bzw. der Vorstand stets an einer raschen Umsetzung von neuen Projekten interessiert ist, bevorzugt diese Interessensgruppe eindeutig einen Bezugsrechtsausschluss.[158]

5.1.2.2 Interessen des Aufsichtsrats

Der Aufsichtsrat hat einerseits die Aufgabe, den Vorstand im Sinne der Hauptversammlung zu kontrollieren, andererseits den Vorstand bei seinen Aufgaben zu unterstützten, wodurch er faktisch eine Doppelfunktion im Rahmen der Prinzipal-Agenten-Theorie einnimmt. Er agiert nämlich gegenüber der Hauptversammlung als Agent, weil er durch seine Aufgabe als Kontrollorgan für gewisse Entscheidungen des Vorstands mitverantwortlich ist und dadurch einen Informationsvorsprung gegenüber den Aktionären besitzt. Andererseits nimmt der Aufsichtsrat gegenüber dem Vorstand die Rolle des Prinzipals ein, weil er gegenüber diesem einen Informationsnachteil in Kauf nehmen muss, da der Vorstand schließlich alleine mit der Führungsaufgabe betraut ist und der Aufsichtsrat nur so viele Informationen erhält, wie vom Vorstand an ihn weitergegeben werden.[159]

Der Aufsichtsrat steht also mehr oder weniger zwischen den Interessen des Vorstands und denen der Aktionäre. Für ihn persönlich sind weder hohe Erträge der Aktien wichtig, noch steht er wie der Vorstand unter dem Druck der Aktionäre. Vielmehr ist er dafür verantwortlich, zwischen den beiden Interessensgruppen zu vermitteln, indem er den Vorstand dahin gehend überwacht, dass dieser die Interessen der Aktionäre wahrt und darauf achtet, dass der Vorstand im Sinne des Gesellschaftsinteresses handelt. Aus diesem Grund vertritt der Aufsichtsrat keine Präferenzen bezüglich des Bezugsrechts bzw. eines möglichen Ausschlusses. Vielmehr hat er dafür zu sorgen, dass das Gesellschaftsinteresse, egal ob eine Kapitalerhöhung mit oder ohne Bezugsrecht durchgeführt wird, gewahrt bleibt.[160]

5.1.2.3 Interessen der Hauptversammlung

Durch die Aufteilung von Eigentum und Führung auf die Aktionäre und den Vorstand bedarf es eines Aufsichtsrats als Kontrollorgan, um ein bestmögliches Funktionieren einer Aktiengesellschaft zu ermöglichen. Trotz allem besteht in einem derartigen Gefüge immer

---

[158] Vgl. Brealey/Myers/Allen, 2008, 417ff.
[159] Vgl. Dutzi, 2005, 147f.
[160] Vgl. Schnobrich/Barz, 2001, 68f.

eine gewisse Prinzipal-Agenten-Problematik, wobei die Aktionäre die Macht des Vorstands durch ein gezieltes Vergütungssystem in ihrem Sinne einschränken können. Vor allem durch die Tatsache, dass die Aktionäre primär an einer möglichst hohen Dividendenausschüttung interessiert sind und der Vorstand sich hingegen neben einer Gewinnmaximierung der Gesellschaft und der Einbehaltung dieser für zukünftige Investitionen auch auf seine eigene Entlohnung konzentriert, ergeben sich diverse Interessenskonflikte.[161]

Wie bereits erwähnt, stellt das Bezugsrecht ein bedeutendes Mitgliedschaftsrecht für bestehende Aktionäre dar, weil dieses die Position des Aktionärs innerhalb der Gesellschaft sowie auch seine finanzielle Situation schützen soll. Da ein Bezugsrechtsausschluss dazu führt, dass die Beteiligung am Grundkapital durch die Kapitalerhöhung ohne den möglichen Erwerb von jungen Aktien absinkt, sprechen sich Altaktionäre natürlicherweise grundsätzlich gegen einen Bezugsrechtsausschluss aus. Eine Ausnahme könnte jedoch dann gegeben sein, wenn durch einen Bezugsrechtsausschluss eine besonders positive Entwicklung für den zukünftigen Unternehmenserfolg erwartet werden kann, sodass die Aktionäre danach von den zusätzlich generierten Gewinnen profitieren können.[162] Neben dem Beteiligungsverlust erleiden die bestehenden Aktionäre in der Regel auch einen finanziellen Verlust, da allgemein der Kurs der Aktien mit der Durchführung der Kapitalerhöhung sinkt und die Altaktionäre diese Kapitalverwässerung nicht durch den Erwerb von jungen Aktien ausgleichen können. Aus all diesen und ähnlichen Gründen wäre also ein Bezugsrechtsausschluss generell nicht im Interesse der Aktionäre, wobei diese aber zum langfristigen Wohl der Gesellschaft dennoch eher einem Ausschluss zustimmen werden.[163]

5.2 Gesetzliche Anforderungen an die Durchführung eines wirksamen Bezugsrechtsausschlusses

Allgemein stellt der Bezugsrechtsausschluss einen wesentlichen Eingriff in die Mitgliedsrechte der Aktionäre dar, da er einerseits zu einer Verschiebung der Beteiligungsstruktur unter den Aktionären und andererseits zu einer Vermögensverwässerung der Anteile führt. Damit die Anteilshaber dennoch geschützt sind, sieht der Gesetzgeber strenge Richtlinien für einen Bezugsrechtsausschluss vor, sodass dieser nur für bestimmte Zwecke bzw. unter

---

[161] Vgl. Rappaport, 1999, 3ff; Schnobrich/Barz, 2001, 70ff; Hungenberg, 2004, 33; Pernsteiner, 2004, 883ff; Siems, 2005, 83f; Brealey/Myers/Allen, 2008, 331f.
[162] Vgl. Götte, 2001, 62f; Wellner, 2004, 113.
[163] Vgl. Escher-Weingart, 2001, 260ff.

strikten Rahmenbedingungen durchgeführt werden darf. Es kann so beispielsweise ein Ausschluss nur von der Hauptversammlung beschlossen werden und der Vorstand muss einen genauen Bericht über die Gründe und Bedingungen des Ausschlusses geben.[164] In den folgenden Kapiteln sollen nun die allgemeingültigen gesetzlichen Gründe[165] für einen Ausschluss sowie die gesetzlichen Anforderungen der Abwicklung einer Kapitalerhöhung mit Bezugsrechtsausschluss näher erläutert werden. Die Abwicklung ist generell für alle Formen der Kapitalerhöhung gleich, mit Ausnahme jenes Bezugsrechtsausschlusses, der bereits von Gesetzes wegen (ex lege[166]) zu erfolgen hat.

5.2.1 Allgemeine gesetzliche Gründe für einen Bezugsrechtsausschluss

Der Gesetzgeber sieht im Rahmen einer Kapitalerhöhung gem. § 153 Abs 1 AktG ein gesetzliches Bezugsrecht für jene Aktionäre vor, die bereits Anteile an der Gesellschaft halten, um diese vor Beteiligungsverschiebungen bzw. vor einem Kapitalverwässerungseffekt zu schützen. Da dieses Recht ein untrennbares Mitgliedsrecht ist, kann es nicht einfach ausgeschlossen werden; trotz allem gibt es aber gewisse Gründe und Rahmenbedingungen, die sowohl im Sinne der Aktiengesellschaft als auch der Aktionäre sind, auf ein Bezugsrecht zu verzichten. Da es sich beim Bezugsrecht um eine gesetzliche Bestimmung handelt, kann der Ausschluss des Bezugsrechts auch nur aufgrund von Gesetzesvorgaben erfolgen.[167]

5.2.1.1 Sachliche Rechtfertigung

Nachdem ein Bezugsrechtsausschluss einen wesentlichen Eingriff in die Mitgliedsrechte der Aktionäre darstellt, erhebt der Gesetzgeber strenge Regeln an die Durchführung einer Kapitalerhöhung mit Ausgabe junger Aktien unter Ausschluss des Bezugsrechts. Damit das Bezugsrecht überhaupt ausgeschlossen werden kann, müssen zuerst einmal wesentliche sachliche Gründe vorliegen, die den Ausschluss des Bezugsrechts gegenüber der Gewährung eines Bezugsrechts im Rahmen einer Kapitalerhöhung rechtfertigen. Neben einer sachlichen Rechtfertigung der Gründe sieht der Gesetzgeber aber auch eine besondere Kontrolle bei der Durchführung einer Kapitalerhöhung mit Ausschluss des Bezugsrechts

---

[164] Vgl. Schinzler, 1999, 94ff; Verse, 2006, 317; Brix, 2009, 96ff.
[165] Für nähere Informationen zu den gesetzlichen Ausschlussgründen aufgrund der Kapitalerhöhungsform siehe Kapitel 5.3.
[166] Ex lege (lat. aus dem Gesetz (heraus)) bedeutet für die Rechtsprechung, dass sich gewisse Tatbestände aufgrund gesetzlicher Bestimmungen bzw. Vorschriften ergeben. – vgl. Köbler, 1992, 1362.
[167] Vgl. Verse, 2006, 317.

vor. Diese beiden Bedingungen, also die nötige Rechtfertigung und die Kontrolle, können aber in einem Ausnahmefall entfallen; nämlich wenn alle Aktionäre bei der Hauptversammlung anwesend sind, bei der über den Bezugsrechtsausschluss abgestimmt werden soll, und diese geschlossen dem Ausschluss zustimmen. Dies ist neben einem durch Gesetz vorgegebenen Ausschluss der einzige Fall, bei dem eine klare und sachliche Rechtfertigung entfallen kann.[168]

Obwohl der Gesetzgeber ganz klar einen sachlichen Grund für einen möglichen Ausschluss eines Bezugsrechts vorschreibt, werden derartige sachliche Rechtfertigungen kaum im Gesetz näher definiert. Genauere Erfordernisse an die Begründung eines Bezugsrechtsausschlusses werden erst in den letzten Jahren immer wieder vom Gesetzgeber bzw. vom OGH aufgenommen. Eindeutig ist aber, dass in jedem Fall der Gleichbehandlungsgrundsatz eingehalten werden muss, sodass nicht einfach willkürlich einzelne Anteilinhaber bevorzugt oder benachteiligt werden dürfen. Zusätzlich dazu darf der Bezugsrechtsausschluss bzw. dessen Begründung nicht sittenwidrig sein. In einigen wenigen Fällen gibt der Gesetzgeber aber ganz eindeutig die sachliche Rechtfertigung für die Begründung eines Bezugsrechtsausschlusses vor.[169] Diese werden im § 153 Abs 5 AktG auch ausdrücklich genannt, wobei es und werden genauer im Kapitel 5.3.3 erläutert.[170]

Die sachliche Rechtfertigung eines Bezugsrechtsausschlusses wurde aber neben den oben genannten Gründen eher sehr allgemein gehalten, doch aufgrund diverser Vorgaben des OGHs, die sich im Großen und Ganzen an der deutschen Rechtsprechung orientieren, filterten sich zusätzliche Verordnungen und allgemeine Bedingungen in der Literatur und Praxis heraus, die sich im ÖCGK[171] und in den Kapitalrichtlinien wiederfinden. Im Rahmen einer Kapitalerhöhung können die Bedingungen allgemein dahingehend eingegrenzt werden, dass zum einen der Bezugsrechtsausschluss das einzige vertretbare Mittel für die Durchführung der Kapitalerhöhung ist, und zum anderen, dass das Gesellschaftsinteresse,

---

[168] Vgl. Frodermann/Becker, 2009, 199.
[169] Vgl. Wellner, 2004, 113f; Nagele/Lux, 2010b, 568.
[170] Die Gründe für einen Ausschluss des Bezugsrechts gem. § 153 Abs 5 AktG beziehen sich weitgehend auf den vorgeschriebenen Zweck zur Durchführung einer bedingten Kapitalerhöhung lt. § 159 Abs2 Z3 AktG. – vgl. Nagele/Lux, 2010b, 568.
[171] Der Österreichische Corporate Governance Kodex (ÖCGK) stellt ein Regelwerk der Regierungskommission der Bundesrepublik Österreich dar und enthält ethische Verhaltensweisen hinsichtlich der Führung und Organisation von Unternehmen. Dieses Regelwerk enthält neben gesetzlichen Bestimmungen auch sogenannte Empfehlungen (Soll-Vorschriften) und Anregungen (Kann-Vorschriften) und soll den Unternehmen eine Grundlage an Normen und Werten für eine verantwortungsbewusste Unternehmensführung bieten. Zusätzlich soll der Corporate Goverance Kodex helfen, dass die Vorschriften bezüglich der Unternehmensleitung und deren Kontrolle transparenter werden. – vgl. Nadvornik, 2006, 198f; Stiglbauer, 2010, 66ff.

die Erforderlichkeit und die Verhältnismäßigkeit im Rahmen der Durchführung unter Ausschluss des Bezugsrechts gegeben sein müssen. Hierbei ist es notwendig, dass alle drei zuvor genannten Voraussetzungen, die allgemein als die drei Kriterien der sachlichen Rechtfertigung bezeichnet werden, gleichermaßen erfüllt sind, damit diese für einen Bezugsrechtsausschluss anerkannt werden.[172]

Ganz allgemein versteht man unter dem Gesellschaftsinteresse jenes Interesse der Aktionärsgemeinschaft, dass jedes angestrebte Ziel mit jenen Mitteln erreicht werden soll, das zum Besten der gesamten Gesellschaft dient. In diesem Sinne soll unter anderem berücksichtigt werden, dass wirtschaftliche Chancen bestmöglich unter Einbezug des Gesellschaftszwecks verwirklicht werden. Wenngleich im Rahmen des Gesellschaftsinteresses auf das Interesse der gesamten Gesellschaft verwiesen wird, muss dennoch auch der Schutz der Minderheiten gewahrt bleiben. Nachdem aber die einzelnen Beteiligten nicht alle die gleichen Interessen verfolgen[173], muss versucht werden, jenes Interesse zu finden, dass allgemein am ehesten der gesamten Gesellschaft entspricht, wobei dieses erst endgültig im Rahmen der Hauptversammlung bei der Beschlussfassung eruiert werden kann.[174]

Neben der Erfüllung des Kriteriums „Gesellschaftsinteresse" wird für eine rechtsgültige Rechtfertigung auch gefordert, dass der Bezugsrechtsausschluss erforderlich ist (Kriterium der Erforderlichkeit). Dies bedeutet, dass es außer einem Bezugsrechtsausschluss keine anderen Mittel geben soll, mit denen dasselbe Ziel mehr oder weniger genauso gut erreicht werden kann. Sollte dies jedoch der Fall sein, so ist es im Sinne der Gesellschaft, dass diese Mittel verwirklicht werden, um den Aktionären das Grundrecht der Inanspruchnahme des Bezugsrechts nicht zu verwehren, solange es unumgänglich ist. Dies folgt aus der Rechtsprechung des OGH, der fordert, dass ein Bezugsrechtsausschluss erforderlich und zusätzlich das einzige vertretbare Mittel sein muss, um das vorgegebene Ziel zu erreichen, damit er rechtskräftig durchgesetzt werden kann.[175]

Sofern die Kriterien Gesellschaftsinteresse und Erforderlichkeit erfüllt sind, gilt es auch noch die Verhältnismäßigkeit zu bestimmen, bevor endgültig von einem rechtskräftigen Bezugsrechtsausschluss gesprochen werden kann. Unter der Verhältnismäßigkeit wird

---

[172] Vgl. Moroglu, 2003, 100; Zöllner, 2007, 489; Moßdorf, 2010, 442f.
[173] Siehe dazu Kapitel 5.1.
[174] Vgl. Zöllner, 2007, 489; Wilhelm, 2009, 217ff.
[175] Vgl. Wellner, 2004, 127ff.

dabei verstanden, dass in Abwägung von Mittel und Zweck jene Alternative gewählt werden soll, die die geringste Last für alle Beteiligten darstellt. So soll etwa bei der Variante des Bezugsrechtsausschlusses zwischen dem Gesellschaftsinteresse an der Kapitalerhöhung und dem Nachteil, der sich für die ausgeschlossenen Aktionäre ergibt, abgewogen werden. Hierbei darf der Nachteil für die ausgeschlossenen Aktionäre im Vergleich zum Vorteil aufgrund der Erfüllung des Gesellschaftsinteresses nicht unverhältnismäßig groß sein, da anderenfalls von einer Gefährdung des Schutzes der Minderheiten ausgegangen werden kann.[176]

Im Rahmen der Prüfung der einzelnen Alternativen sollen aber nicht nur die Vor- und Nachteile gegeneinander abgewogen werden, sondern es soll auch überlegt werden, ob es möglich ist, diverse Nachteile zu verringern, um die Zielerreichung zu optimieren. Hieraus kann der Schluss gezogen werden, dass es manchmal sinnvoll ist, sich im Vergleich für eine schlechtere Alternative zu entscheiden, wenn dadurch ein gravierender Eingriff in die Mitgliedschaftsrechte der Aktionäre vermieden werden kann, wobei aber immer die Kriterien Gesellschaftsinteresse, Erforderlichkeit und Verhältnismäßigkeit gleichermaßen erfüllt sein müssen.[177]

5.2.1.2 Barkapitalerhöhung

Da es bei der Barkapitalerhöhung primär darum geht, das Eigenkapital zu erhöhen, besteht kaum Interesse an bestimmen Aktionären, sodass es für die Aktiengesellschaft keine Rolle spielt, von wem das Kapital stammt.[178] Daraus ergibt sich folglich, dass prinzipiell ein Bezugsrechtsausschluss im Rahmen einer Barkapitalerhöhung unzulässig ist, mit Ausnahme der im Gesetz geregelten Gründe gem. § 153 Abs 5 AktG.[179]

In einigen Fällen kann jedoch das Allgemeinwohl der Aktiengesellschaft nur mithilfe eines Ausschlusses erreicht werden. Hierunter fällt etwa die Börseneinführung, wobei zwischen einem IPO[180] und der Einführung der Aktien an einer zusätzlichen Börse im Ausland unterschieden werden kann. Bei der erstmaligen Ausgabe von Aktien steht primär die

---

[176] Vgl. Marsch-Barner, 2008, 1153f.
[177] Vgl. Lotze, 2000, 15f; Wellner, 2004, 130ff.
[178] Vgl. Verse, 2006, 467.
[179] Vgl. § 153 Abs 5 AktG.
[180] Unter einem IPO (= Initial Public Offering) oder Börsengang versteht man die erstmalige Platzierung der Aktien einer Gesellschaft an der Börse. – vgl. Huchzermeier, 2006, 12; Bragg, 2007, 245f; Brealey/Myers/Allen, 2008, 412f.

Kapitalbeschaffung im Vordergrund, wobei gem. § 66 Abs 1 BörseG eine Mindestmenge an frei handelbaren Aktien für den betreffenden Börsenplatz sichergestellt sein muss. Daraus resultiert, dass im Rahmen einer IPO eine Kapitalerhöhung nur unter Ausschluss des Bezugsrechts erfolgen kann. Ähnlich sieht dies auch bei der Ausgabe von jungen Aktien an einer anderen ausländischen oder zusätzlichen Börse aus, da es im Interesse der Aktiengesellschaft ist, ihre Aktien auf einem zusätzlichen Finanzmarkt auszugeben, wodurch sich zwangsläufig ein Ausschluss des gesetzlichen Bezugsrechts ergibt.[181]

Weitere Gründe im Sinne der Aktiengesellschaft, die einen Bezugsrechtsausschluss ermöglichen, sind etwa Sanierungszwecke, die Kooperation mit anderen Unternehmen, Kunden oder Lieferanten oder Abwehrmaßnahmen zur Verhinderung einer feindlichen Übernahme. Ein Ausschluss des Bezugsrechts zur Sanierung des Unternehmens kann nur als zulässig anerkannt werden, wenn etwa ein Anleger die finanzielle Sanierung unter der Auflage, dass er neue Aktien erhält, übernehmen will. Sollte es aber auch auf andere Weise möglich sein, dass genügend Kapital für die Sanierung des Unternehmens aufgebracht werden kann, so ist ein Bezugsrechtsausschluss keineswegs gültig.[182]

Im Fall der Kooperation mit anderen Unternehmen, Kunden oder Lieferanten ist ein Ausschluss auch nur zulässig, wenn diese einer Zusammenarbeit nur unter der Bedingung des Erhalts von Anteilen an der Gesellschaft zustimmen. In diesem Sinne ist es möglich, die neuen Aktien den betreffenden Parteien unter Ausschluss des Bezugsrechts für bestehende Aktionäre zuzuteilen, sofern die Kooperation einen wesentlichen Beitrag zum unternehmerischen Schaffen leistet und daher im Gesellschaftsinteresse liegt.[183]

Die Rechtslage gestaltet sich jedoch schwieriger bei der Zulässigkeit des Ausschlusses mit der Begründung, dass dieser als Abwehrmaßnahme gegen eine feindliche Übernahme notwendig sei. Ganz allgemein wird diese Begründung gesetzlich nämlich nicht als zulässig anerkannt, weil der Gesetzgeber die drohende Übernahme nicht als eine Gefährdung des Gesellschaftsinteresses ansieht. Ausgenommen ist aber jener Tatbestand, wenn die Aktiengesellschaft nur übernommen werden soll, um diese zu schädigen oder zu vernichten, sodass in diesem Fall ein Ausschluss des Bezugsrechts als zulässig anerkannt wird.[184]

---

[181] Vgl. Harrer/Vaupel, 2006, 170f.
[182] Vgl. LG Frankfurt/M., 2003, 2541f; Von Oppen, 2009, 13ff.
[183] Vgl. Schulz, 2005, 79f.
[184] Vgl. Schuster, 2003, 197ff.

5.2.1.3 Sachkapitalerhöhung

Bei der Durchführung einer Sachkapitalerhöhung liegt es im Interesse der Aktiengesellschaft, sich eine bestimmte Sache, wobei es sich sowohl um einen spezifischen Gegenstand als auch um ein Unternehmen oder eine Beteiligung handeln kann, anzueignen. Sofern diese Sache nicht anders erworben werden kann und der Bezugsrechtsausschluss die einzige Maßnahme zur Erlangung dieser ist, kann der Ausschluss als rechtsgültig angesehen werden, wenn die drei Kriterien der sachlichen Rechtfertigung[185], nämlich Gesellschaftsinteresse, Erforderlichkeit und Verhältnismäßigkeit, im Rahmen der Kapitalerhöhung unter Ausschluss des Bezugsrechts erfüllt werden. Beim Erwerb von Gegenständen ist es zusätzlich von wesentlicher Bedeutung für die Rechtfertigung, dass dieser Gegenstand einerseits nicht anderweitig erworben werden kann und andererseits, dass dieser für die Erreichung der unternehmerischen Ziele maßgeblich ist, sodass mit anderen Maßnahmen die Ziele nicht derart effektiv umgesetzt werden können.[186]

Wie bereits erwähnt, fallen Einbringungen eines Unternehmens oder unternehmerische Beteiligungen auch unter Sachkapitalerhöhungen, wobei für geringe Beteiligungen die allgemeinen Voraussetzungen des Bezugsrechtsausschlusses – wie oben beschrieben – gelten, während bei der Einbringung eines ganzen Unternehmens die gesetzlichen Vorgaben der Verschmelzung maßgeblich sind. Hierbei wird das Bezugsrecht gem. § 223 Abs 1 AktG schon ex lege ausgeschlossen, da im Falle einer Verschmelzung von Unternehmen der § 153 AktG lt. § 223 Abs 1 AktG außer Kraft gesetzt wird. Zusätzlich wird dies im Rahmen einer bedingten Kapitalerhöhung im § 159 Abs 2 AktG geregelt[187], wobei auch hier das Bezugsrecht schon von Gesetzes wegen für Verschmelzungen ausgeschlossen wird. Aufgrund der detaillierten gesetzlichen Vorgaben entfallen hier die Überprüfung der Kriterien Gesellschaftsinteresse, Erforderlichkeit und Verhältnismäßigkeit von vornherein, wobei aber trotz allem eine Prüfung der sachlichen Rechtfertigung stattfinden muss, sofern die Aktiengesellschaft bei der Verschmelzung ihre Selbstständigkeit einbüßen soll.[188]

---

[185] Für nähere Informationen zur sachlichen Rechtfertigung siehe Kapitel 5.2.1.1.
[186] Vgl. Verse, 2006, 466f.
[187] Für nähere Informationen zur bedingten Kapitalerhöhung siehe Kapitel 4.1.2.
[188] Vgl. Nagele/Lux, 2010c, 586f; Szep, 2010, 914f.

5.2.2 Anforderungen an die Beschlussfassung

Das Bezugsrecht kann, wie beschrieben, nur zu bestimmten Zwecken ausgeschlossen werden und, sofern nicht von Gesetzes wegen ein Bezugsrecht im Vorhinein untersagt wird, kann dies auch nur mithilfe eines Hauptversammlungsbeschlusses geschehen. Wichtig dabei ist, dass der Bezugsrechtsausschluss immer zugleich mit dem Kapitalerhöhungsbeschluss erfolgen muss. Im § 153 Abs 3 Satz 1 AktG wird klar und deutlich vorgeschrieben, dass ein Bezugsrechtsausschluss nur im Rahmen der Hauptversammlung beschlossen werden kann, in der auch über die Kapitalerhöhung abgestimmt wird.[189] Dies bedeutet, dass die beiden Beschlüsse nicht unabhängig voneinander durchgeführt werden können und eng miteinander verknüpft sind. Der Bezugsrechtsausschluss stellt somit einen untrennbaren und unselbstständigen Bestandteil des Kapitalerhöhungsbeschlusses dar.[190]

Der Ausschluss des Bezugsrechts muss allgemein von der Hauptversammlung bestimmt werden. Diese kann sich aber dazu entscheiden, dass sie die Verwaltung der näheren Bestimmungen über den Bezugsrechtsausschluss an andere Organe abtritt. Der Bezugsrechtsausschluss ist jedenfalls ein untrennbarer Bestandteil des Kapitalerhöhungsbeschlusses. Sollte dies nicht berücksichtigt werden, kann nicht nur der Ausschluss anfechtbar und nichtig sein, sondern in der Regel der gesamte Kapitalerhöhungsbeschluss, da gegen den Ausschluss nie alleine, sondern immer nur gegen den gesamten Beschluss Klage eingereicht werden kann.[191]

Neben der Anforderung, dass die Kapitalerhöhung und der Bezugsrechtsausschluss innerhalb derselben Beschlussfassung in der Hauptversammlung beschlossen werden müssen, sieht der Gesetzgeber noch weitere Bedingungen vor, um die Aktionäre weitestgehend zu schützen. So wird gem. § 149 Abs 1 Satz 1 AktG mindestens eine Dreiviertelmehrheit des bei der Beschlussfassung vertretenen Grundkapitals für eine Abstimmung bezüglich einer Kapitalerhöhung gefordert, sodass diese Bestimmung lt. 153 Abs 3 Satz 2 AktG auch für den Bezugsrechtsausschluss zum Tragen kommt.[192]

Sollte im Rahmen einer Hauptversammlung zwar einer Kapitalerhöhung zugestimmt werden, aber nicht einem Bezugsrechtsausschluss, so gilt dies nicht einfach als Kapital-

---
[189] Vgl. § 153 Abs 3 Satz 1 AktG.
[190] Vgl. Dietz, 2004, 67f.
[191] Vgl. Wellner, 2004, 95ff.
[192] Vgl. Harrer/Vaupel, 2006, 169.

erhöhung ohne Bezugsrechtsausschluss, da beide Beschlüsse eng miteinander verbunden sind. Vor allem kann ein Bescheid über einen Bezugsrechtsausschluss nicht alleine bestehen, da dieser ein untrennbarer Bestandteil des Kapitalerhöhungsbeschlusses ist. Daher muss bei einer Ablehnung eines Ausschlusses eine neuerliche Abstimmung in der Hauptversammlung stattfinden, ob unter den gegebenen Umständen einer Erhöhung des Grundkapitals ohne Bezugsrechtsauschluss, das heißt mit einem Bezugsrecht für die bestehenden Aktionäre, mit der erforderlichen Mehrheit zugestimmt wird. Erst unter dieser Voraussetzung ist es möglich, die Erhöhung auch ohne einen Bezugsrechtsausschluss durchzuführen.[193]

Die Hauptversammlung muss zusätzlich fristgerecht bekannt gemacht werden, wobei lt. § 108 Abs 2 AktG die Hauptversammlung und deren Tagesordnung mindestens 14 Tage vor dem Tag der Beschlussfassung zu veröffentlichen sind. In diesem Zusammenhang schreibt der Gesetzgeber außerdem vor, dass die Tagesordnung eindeutig formuliert und dass neben der Bekanntgabe der Rahmenbedingungen über eine mögliche Kapitalerhöhung zusätzlich auf die Abstimmung über einen Bezugsrechtsausschluss explizit hingewiesen werden muss.[194] Dies hat dahingehend eine besondere Bedeutung, weil durch die Abstimmung die Mitgliedschaftsrechte der Aktionäre wesentlich beeinflusst werden können, sodass durch eine fristgerechte Ankündigung die Anteilinhaber die Möglichkeit haben, sich über den Sachverhalt genauer zu informieren und an der Hauptversammlung teilzunehmen. Sollte die Hauptversammlung sowie deren Tagesordnung nicht fristgerecht angekündigt werden, so hat jeder Aktionär eine Anfechtungsbefugnis bezüglich des Bescheids gem. § 196 Abs 1 Z 2 AktG, sofern es ihm aufgrund der Nichteinhaltung der Frist nicht möglich war, an der Hauptversammlung teilzunehmen. In einem derartigen Fall wird der mangelhafte Beschluss vorläufig aufschiebend bedingt wirksam, bis zur endgültigen Klärung des Sachverhalts. Sollte die Anfechtungsklage jedoch abgelehnt werden, so wird der vorläufige Hauptversammlungsbeschluss schlussendlich doch voll wirksam.[195]

---

[193] Vgl. Wellner, 2004, 98f.
[194] Vgl. Reger, 2006, 822; Brix, 2009, 44ff; Bydlinski/Potyka, 2009, 125f; Bydlinski/Potyka, 2010, 389.
[195] Vgl. Brix, 2009, 47f; Bydlinski/Potyka, 2009, 209f; Strasser, 2010b, 738ff.

5.2.3 Anforderungen an den Bericht des Vorstands bei einem Bezugsrechtsausschluss

Der Vorstand ist gem. § 153 Abs 4 Satz 2 AktG verpflichtet, einen schriftlichen Bericht über die Absicht eines Bezugsrechtsausschluss abzugeben.[196] Der Gesetzgeber will damit einerseits das Informationsrecht der Aktionäre schützen, andererseits soll dieser Bericht als Entscheidungsgrundlage für die Abstimmung in der Hauptversammlung dienen. Aus diesem Grund ist nicht nur vorgesehen, dass die Absicht eines Bezugsabschlusses veröffentlicht wird, sondern auch, dass der Bericht eine sachliche Begründung für das Präferieren eines Ausschlusses sowie dessen Vor- und Nachteile darlegt. Zusätzlich sollen auch mögliche Alternativen sowie deren Auswirkung auf den künftigen Unternehmenserfolg analysiert werden, sodass sich die Aktionäre ein umfassendes Bild von der Sachlage bereits vorab machen können.[197]

Ziel des Berichts ist es ein klares Bild der geplanten Maßnahme zu vermitteln, wobei allgemeine Auswirkungen sowie die Zukunft des Unternehmens nicht aus den Augen verloren werden dürfen. In diesem Zusammenhang stellt der Vorstandsbericht einen selbstständigen Verfahrensakt dar, ist aber dennoch ein wesentlicher Bestandteil eines gültigen Gesamtbeschlusses. Ein bedeutendes Kriterium für die Aktionäre stellt die Tatsache dar, dass in der Hauptversammlung nicht über einen anderen oder abgeänderten Tatbestand abgestimmt werden darf als über jenen, der sowohl in der Tagesordnung angekündigt als auch im Bericht näher spezifiziert wurde. Grund dafür ist, dass die Aktionäre das Recht auf eine umfassende Information haben, sodass sie rechtzeitig über alle Einzelheiten Bescheid wissen und aufgrund dieses Wissens eine Entscheidung fällen können.[198]

Im § 153 Abs 4 AktG wird aber nicht nur vorgegeben, dass ein Bezugsrechtsausschluss ausdrücklich bekannt gegeben werden muss, sondern auch dass im Bericht bereits der angestrebte Ausgabekurs erläutert werden soll. Dies hat deshalb eine wesentliche Bedeutung, da der Ausgabekurs der jungen Aktien einen enormen Einfluss auf die künftige Position der bestehenden Aktionäre hat. In diesem Sinn hat der Vorstand im Bericht nicht nur die Höhe des angestrebten Ausgabekurses zu veröffentlichen, sondern auch die Berechnungsgrundlagen sowie die Bewertungskriterien, aus denen sich der Kurs zusammensetzt. Wenn der Vorstand aber vorsieht, dass die Hauptversammlung nur einen Mindestbe-

---

[196] Vgl. § 153 Abs 4 Satz 2 AktG.
[197] Vgl. Reger, 2006, 822ff.
[198] Vgl. Reger, 2006, 822ff; Brix, 2009, 96ff.

trag und/oder einen Höchstbetrag beschließen soll, damit das Management die genauen Bestimmungen letztendlich situationsangepasst festlegen kann, so muss diese Absicht auch im Bericht begründet werden. Zusätzlich soll eine mögliche Richtlinie für den Mindestbetrag bzw. Höchstbetrag gegeben werden.[199]

Wenngleich der Gesetzgeber eine klare Informationspflicht des Vorstands vorsieht, ruft er diesen unter bestimmten Bedingungen dazu auf, dass er gewisse Angaben zurückhält. Dies gilt gem. § 112 Abs 3 AktG aber nur für jene Informationen, die einen essentiellen Nachteil für das Unternehmen selbst, ein verbundenes Unternehmen oder die nationale Sicherheit darstellen können. In diesem Zusammenhang wird vom Vorstand eine gewisse Weitsicht bezüglich der unternehmerischen Auswirkungen auf Interessen von Dritten Bedacht zu nehmen, erwartet. Es wird hierbei aber zusätzlich gefordert, dass der Vorstand eine Geheimhaltung von Einzelheiten im Bericht genauer begründet, um nicht wahllos das gesetzlich gebotene Informationsrecht der Aktionäre zu untergraben.[200]

Wie bereits in Kapitel 5.2.2 verdeutlicht wurde, muss die Tagesordnung jener Hauptversammlung, in der sowohl über die Kapitalerhöhung als auch über den Bezugsrechtsausschluss abgestimmt werden soll, mindestens 14 Tage vor der Abstimmung bekannt gegeben werden. Des Weiteren schreibt § 145 Abs 2 AktG vor, dass ein Beschluss nur gefasst werden kann, wenn der wesentliche Inhalt der Satzungsänderung bekannt gemacht wird, wobei gleichzeitig auf eine Frist gem. § 108 Abs 2 AktG verwiesen wird.[201] Obwohl hier nicht direkt auf den Bericht des Vorstands Bezug genommen wird, geht die allgemeine Rechtslehre davon aus, dass der Gesetzgeber auch für die Veröffentlichung des Vorstandsberichts eine Ankündigungsfrist von 14 Tage vor der Beschlussfassung vorsieht. In diesem Zusammenhang wird im Gesetz auch nicht klar vorgegeben, in welcher Art und Weise der Bericht den Aktionären zur Verfügung gestellt werden soll. Einzig der § 153 Abs 4 AktG gibt vor, dass in der Hauptversammlung ein schriftlicher Vorstandsbericht vorgelegt werden muss. Es ist aber sicherlich klar im Interesse des Informationsrechts der Aktionäre, dass diese schon früher zumindest die Möglichkeit haben, in den Bericht einzusehen. In diesem Sinne spricht sich auch die Lehre überwiegend dafür aus, dass den Aktionären bereits vor der Hauptversammlung entweder die Möglichkeit gegeben werden soll, ihnen

---

[199] Vgl. Zech, 2003, 207ff; Nagele/Lux, 2010b, 564ff.
[200] Vgl. Wellner, 2004, 109; Bydlinski/Potyka, 2010, 413.
[201] Vgl. Reger, 2006, 833; Körber, 2008, 1069f; Bydlinski/Potyka, 2009, 125f; Bydlinski/Potyka, 2010, 387ff.

in den Geschäftsräumen des Vorstands Einblick in den Bericht zu gewähren oder ihnen auf ihr Verlangen den Bericht zu übermitteln, sofern der Vorstand nicht eine Übersendung des Berichts zusammen mit der Bekanntgabe der Tagesordnung vorsieht.[202]

In der Hauptversammlung soll schlussendlich über die Kapitalerhöhung und den Bezugsrechtsausschluss, nach einer fristgerechten Bekanntgabe der Tagesordnung und einer ausreichenden Information der Aktionäre durch den Vorstandsbericht, abgestimmt werden. Sollte sich aber im Rahmen der Abstimmung herausstellen, dass der Bericht Mängel oder Fehler aufweist, so kann ein rechtswidriger Hauptversammlungsbeschluss aufgrund eines Verfahrensfehlers – nämlich dem sogenannten mangelhaften oder fehlerhaften Vorstandsbericht – angefochten werden. Eine Anfechtungsanklage dürfen gem. § 196 Abs 1 Z 1 AktG nur jene Aktionäre einbringen, die an der Hauptversammlung teilgenommen haben und dort bereits Einspruch erhoben haben, sowie jene Aktionäre, die gem. § 196 Abs 1 Z 2 AktG aufgrund einer nicht rechtmäßigen Einberufung oder einer Verweigerung der Teilnahme durch die Aktiengesellschaft nicht an der Abstimmung teilnehmen konnten.[203]

Sofern eine Anfechtungsklage bezüglich eines fehlerhaften Berichts eingereicht wird, muss dieser in vollem Umfang geprüft werden, wobei diesbezüglich nur der Hauptversammlung eine Bewertung von Tatsachen zusteht. Anders sieht dies aber aus, wenn etwa keine umfassende Möglichkeit zur Einsicht geboten wird, sodass § 153 Abs 4 AktG verletzt wird. In diesem Fall ist eine Anfechtung klar möglich. Sollte der Gesellschaft schlussendlich ein Schaden aufgrund von Mängeln oder Fehlern im Bericht entstanden sein, so werden die Mitglieder des Vorstands gegenüber der Gesellschaft gem. § 84 AktG schadensersatzpflichtig[204]. Wenn aber ein Aktionär oder Dritter geschädigt wird, so wird der Vorstand unter den entsprechenden Voraussetzungen hingegen aufgrund des allgemeinen bürgerlichen Rechts[205] und nicht gem. § 84 AktG schadensersatzpflichtig.[206]

---

[202] Vgl. Reger, 2006, 834ff; Brix, 2009, 96ff.
[203] Vgl. Wellner, 2004, 110ff; Bydlinski/Potyka, 2009, 209f; Strasser, 2010b, 738ff.
[204] Der Vorstand ist gem. § 84 AktG zu einer sorgfältigen und gewissenhaften Führung der Aktiengesellschaft verpflichtet. Sofern dieser seine Sorgfaltspflicht verletzt und dadurch ein Schaden für die Gesellschaft entsteht, muss er diesen als Gesamtschuldner ersetzen. – vgl. Strasser, 2010a, 154ff.
[205] Der Vorstand wird nur nach § 84 AktG schadensersatzpflichtig, wenn durch seine Verletzung der Sorgfaltspflicht für die Gesellschaft ein Schaden entsteht. Sofern durch den Vorstand Aktionäre oder Dritte Schaden nehmen, kommt das allgemeine bürgerliche Recht gem. §§ 1293ff ABGB zur Anwendung. – vgl. Dittrich/Tades, 2007, 590ff; Tades et. al., 2009, 1882ff; Strasser, 2010a, 154ff.
[206] Vgl. Brix, 2009, 108f; Strasser, 2010a, 154ff.

5.3 Spezifische Gründe und Rahmenbedingungen für den Bezugsrechtsausschluss

Nachdem in den vorangegangenen Kapiteln die allgemeinen Gründe und Bestimmungen für einen Bezugsrechtsausschluss näher erläutert wurden, wird in den nächsten Kapiteln auf die spezifischen Gründe für einen Ausschluss eingegangen. Diese werden zum Teil durch die Gesetzgebung konkret vorgegeben und sind von der Kapitalerhöhungsform abhängig.

5.3.1 Bezugsrechtsausschluss bei der ordentlichen Kapitalerhöhung

Im Rahmen der ordentlichen Kapitalerhöhung ergeben sich grundsätzlich keine spezifischen Gründe, die, abgesehen von den allgemeinen Bedingungen für den Ausschluss des Bezugsrechts, zusätzlich eine Möglichkeit für einen Bezugsrechtsausschluss bieten. In diesem Fall darf ein Ausschluss nur aufgrund von sachlich gerechtfertigten Gründen erfolgen, wobei dieser das einzige vertretbare Mittel für die Durchführung der Kapitalerhöhung sein darf. Zusätzlich muss natürlich auch hier die sachliche Rechtfertigung aufgrund der drei Kriterien Gesellschaftsinteresse, Erforderlichkeit und Verhältnismäßigkeit gleichermaßen gegeben sein. Neben der Rechtfertigung eines Bezugsrechtsausschlusses muss auch ein ordnungsgemäßer Hauptversammlungsbeschluss gefällt werden sowie der Bericht des Vorstands vorschriftsgemäß erfolgen, damit eine Kapitalerhöhung unter Ausschluss des Bezugsrechts rechtmäßig durchgeführt werden kann.[207]

5.3.2 Bezugsrechtsausschluss beim genehmigten Kapital

Wie bereits in Kapitel 4.1.3 beschrieben wurde, kann die Hauptversammlung auf eine Dauer von maximal fünf Jahren dem Vorstand eine Ermächtigung für eine jederzeitige Durchführung einer Kapitalerhöhung im Rahmen eines genehmigten Kapitals bis zu einem bestimmten Höchstbetrag, der aber die Hälfte des Grundkapitals zurzeit der Beschlussfassung nicht übersteigen darf, übertragen.[208] In diesem Zusammenhang ergeben sich drei Möglichkeiten, dass das Bezugsrecht ausgeschlossen wird; nämlich durch die Gründungssatzung selbst, durch eine Satzungsänderung, die von der Hauptversammlung im Rahmen

---

[207] Vgl. Moroglu, 2003. 99f; Moßdorf, 2010, 441ff.
[208] Für genauere Informationen zum genehmigten Kapital siehe Kapitel 4.1.3.

des Beschlusses für ein genehmigtes Kapital erwirkt wird, oder durch den Vorstand, sofern dieser von der Hauptversammlung dazu bevollmächtigt wurde.[209]

Die Gründer können, wie in Kapitel 4.1.3 erläutert wurde, bereits in der Gründungssatzung dem Vorstand ein genehmigtes Kapital einräumen. Hier können sie auch gleichzeitig einen etwaigen Bezugsrechtsausschluss durch eine Eintragung in die Gründungssatzung beschließen, allerdings muss dieser Beschluss einstimmig getroffen werden. Sobald der Vorstand das genehmigte Kapital schließlich in Anspruch nimmt, muss auch das Bezugsrecht zwingend ausgeschlossen werden, ohne dass darüber eine weitere Beschlussfassung gefällt werden muss. Dies trifft aber nur für den Bezugsrechtsausschluss des genehmigten Kapitals beim Ausschluss im Rahmen der Gründungssatzung[210] zu.[211]

Eine zweite Möglichkeit, beim genehmigten Kapital das Bezugsrecht der Altaktionäre auszuschließen, ist über eine Satzungsänderung, die durch einen Beschluss der Hauptversammlung erwirkt wird. Hierbei wird im Rahmen des Beschlusses über die Ermächtigung eines genehmigten Kapitals auch gleichzeitig über den Bezugsrechtsausschluss abgestimmt. Sofern beides gleichzeitig beschlossen wurde, kann der Vorstand bei Inanspruchnahme des genehmigten Kapitals[212] auch nur eine Kapitalerhöhung unter Ausschluss des Bezugsrechts durchführen.[213] Beim Ausschluss des Bezugsrechts durch eine Satzungsänderung aufgrund eines Hauptversammlungsbeschlusses muss beachtet werden, dass auch hier gewisse Voraussetzungen – wie die Anforderungen an einen Hauptversammlungsbeschluss oder der Vorstandsbericht[214] – erfüllt sein müssen, damit schlussendlich auch eine rechtskräftige Kapitalerhöhung unter Bezugsrechtsausschluss durchgeführt werden kann.[215]

---

[209] Vgl. Nordhues, 2009, 543; Moßdorf, 2010, 443.
[210] Dies resultiert daraus, dass sich die Gründer einstimmig dafür entschieden haben und es zu diesem Zeitpunkt noch keine schützenswerten Aktionäre gab. In diesem Fall sind dann auch die Schutzbestimmungen für Aktionäre lt. § 153 Abs 3 und 4 AktG hinfällig, weil die Gründer selbst einstimmig beschlossen haben, auf eventuelle Mitgliedschaftsrechte wie etwa das Bezugsrecht zu verzichten, sodass sie nicht eines besonderen Schutzes durch die Gesetzgebung bedürfen. – vgl. Wellner, 2004, 174f.
[211] Vgl. Wellner, 2004, 174f; Nagele/Lux, 2010b, 564ff.
[212] Hierbei sei zu bemerken, dass in der Praxis zumeist mehr als eine Ermächtigung für ein genehmigtes Kapital von der Hauptversammlung vergeben wird, wobei jeder einzelne Beschluss unterschiedlich ausgestaltet werden kann und daher parallel sowohl Berechtigungen mit und ohne Bezugsrechtsausschluss bestehen können. In jedem Fall ist zu beachten, dass für alle Ermächtigungen zusammen, die Höchstgrenze von 50% des vorhandenen Grundkapitals nicht überschritten werden darf. – vgl. Schuster, 2003, 210f.
[213] Vgl. Schuster, 2003, 210f.
[214] Da in diesem Fall zum Zeitpunkt der Beschlussfassung noch nicht konkret feststeht, für welchen Zweck die Kapitalerhöhung ohne Bezugsrecht durchgeführt werden soll, muss zumindest eine – wenn auch abstrakte – Vorstellung über die Umstände, die einen Ausschluss der Aktionäre rechtfertigen, dargelegt werden. – vgl. Ulmer, 2007, 135ff; Nordhues, 2009, 543.
[215] Vgl. Zech, 2003, 209ff; Ulmer, 2007, 135ff.

Der Ausschluss des Bezugsrechts durch den Vorstand stellt beim genehmigten Kapital eine weitere Möglichkeit dar, eine Kapitalerhöhung unter Bezugsrechtsausschluss durchzuführen. Hierbei wird dem Vorstand neben der Ermächtigung zur Durchführung einer Kapitalerhöhung auch die Entscheidung, ob diese schließlich mit oder ohne Bezugsrechtsausschluss durchgeführt werden soll, durch einen Beschluss der Hauptversammlung übertragen. In diesem Fall ist sich die gängige Literatur aber uneinig, ob die Ermächtigung und die Entscheidungsfreiheit über das Bezugsrecht innerhalb eines Beschlusses in der Hauptversammlung abgestimmt werden muss oder ob über die Wahlfreiheit bezüglich eines möglichen Bezugsrechtsausschlusses auch noch in einer späteren Hauptversammlung entschieden werden kann. Fest steht jedoch, dass die Aktionäre ausdrücklich und fristgerecht[216] in einem ausführlichen Bericht darüber informiert werden müssen, dass über einen Bezugsrechtsausschluss abgestimmt werden soll. Zusätzlich müssen in diesem Vorstandsbericht die Bedingungen eines möglichen Bezugsrechtsausschlusses sowie das damit verfolgte Gesellschaftsinteresse begründet werden.[217]

Beim Beschluss des Vorstands, das genehmigte Kapital auszunutzen, muss aber in jedem Fall ein etwaiger Bezugsrechtsausschluss im Rahmen eines einzigen Beschlusses gefasst werden. Anschließend muss der Vorstand die näheren Umstände einer Rechtfertigungsprüfung unterziehen und gem. § 171 Abs 1 AktG einen zweiten Vorstandsbericht für die Aktionäre, genauso wie bei der Ermächtigung zur Durchführung eines genehmigten Kapitals unter Bezugsrechtsausschluss, offenlegen, welcher in letzter Instanz noch der Kontrolle des Aufsichtsrats unterzogen werden muss.[218]

5.3.3 Bezugsrechtsausschluss bei der bedingten Kapitalerhöhung

Eine bedingte Kapitalerhöhung wird, wie bereits in Kapitel 4.1.2 beschrieben, durch eine bedarfsabhängige Kapitalbeschaffung charakterisiert, wobei diese nur für bestimmte Zwecke, die im § 159 Abs 2 Z 1-3 AktG geregelt sind, durchgeführt werden darf. Aufgrund dieser gesetzlichen Vorgaben werden die Aktien bereits vorab einem bestimmten Personenkreis, egal ob Gläubigern von Schuldverschreibungen, Unternehmensanteilseignern oder berechtigten Mitarbeitern der Aktiengesellschaft, zugesprochen, sodass das Bezugsrecht für eine bedingte Kapitalerhöhung schon von Gesetzes wegen für bisherige

---

[216] Für weitere Informationen zu den Fristbestimmungen siehe Kapitel 5.2.2.
[217] Vgl. Zech, 2003, 209ff; Nordhues, 2009, 543; Nagele/Lux, 2010d, 630f.
[218] Vgl. Zech, 2003, 209ff; Nordhues, 2009, 543; Nagele/Lux, 2010d, 630f.

Aktionäre ausgeschlossen wird. Dieser Tatbestand ergibt sich nämlich bereits aus dem Zweck der Erhöhung des Kapitals. Im Rahmen der Beschlussfassung muss folglich nur über die bedingte Kapitalerhöhung abgestimmt werden, wobei auch nur diese Beschlussfassung in der Tagesordnung ausdrücklich und fristgerecht angekündigt werden muss. Der Bezugsrechtsausschluss muss weder explizit verlautbart, noch muss darüber abgestimmt werden, da sich dieser bereits ex lege ergibt.[219]

Obwohl sich der Bezugsrechtsausschluss bereits ex lege ergibt, muss dennoch auch in diesen Fällen eine sachliche Rechtfertigungsprüfung[220] in Erwägung gezogen werden, um den Schutz von Aktionärsminderheiten zu gewährleisten. Genauso wie bei den anderen Formen der Kapitalerhöhung sieht der Gesetzgeber für eine bedingte Kapitalerhöhung einen Bericht des Vorstands vor der Beschlussfassung vor, der ebenso fristgerecht den Aktionären zugänglich gemacht werden muss. Gem. der zweiten Kapitalrichtlinie Art 29 Abs 4 Satz 3 muss auch für die gesetzlich vorgesehenen Zwecke des Bezugsrechtsausschlusses eine Rechtfertigung im Bericht enthalten sein. Sollten jedoch die Bedingungen der Kapitalerhöhung und des Bezugsrechtsausschlusses bereits in einem anderen Bericht vorgelagert enthalten sein, wie es zum Beispiel in einem ausführlichen Bericht im Rahmen einer Verschmelzung oder Umwandlung üblich ist, so kann ein zusätzlicher Vorstandsbericht entfallen.[221]

5.3.4 Bezugsrechtsausschluss beim genehmigten bedingten Kapital

Wie in Kapitel 4.1.4 beschrieben wurde, stellt das genehmigte bedingte Kapital eine Kombination der Vorteile der bedingten und der genehmigten Kapitalerhöhung dar. Sofern die Hauptversammlung dem Vorstand eine Ermächtigung für ein genehmigtes bedingtes Kapital zum Zweck der Ausgabe von Aktien an einen begünstigten Personenkreis gewährt, erhält dieser die Möglichkeit, relativ rasch auf den Arbeitsmarkt zu reagieren und nach eigenem besten Ermessen z.B. Aktienoptionen an einen begünstigten Personenkreis begeben zu können. Die Ermächtigung zur Durchführung einer Kapitalerhöhung kann genauso wie beim genehmigten Kapital entweder schon in der Gründungssatzung festgesetzt werden oder später durch eine von der Hauptversammlung bewirkte Satzungsänderung. Zusätzlich wird das Bezugsrecht wie bei der bedingten Kapitalerhöhung gem. § 159 Abs 2 Z

---

[219] Vgl. Picot, 2002, 73ff; Nagele/Lux, 2010c, 586ff; Stickney et. al., 2010, 668.
[220] Näheres zu den drei Kriterien zur Rechtfertigungsprüfung siehe Kapitel 5.2.1.1.
[221] Vgl. Picot, 2002, 73ff; Moßdorf, 2010, 193f.

1-3 AktG schon ex lege ausgeschlossen.[222] Des Weiteren gelten für das genehmigte bedingte Kapital bezüglich der Vorschriften des Hauptversammlungsbeschlusses und des Berichts des Vorstands auch die Bedingungen der bedingten Kapitalerhöhung und des genehmigten Kapitals.[223]

5.4 Unsachgemäßer Bezugsrechtsausschluss und dessen Folgen

5.4.1 Definition eines unsachgemäßen Bezugsrechtsausschlusses

Eine Verletzung des Bezugsrechtsanspruchs kann nicht nur entstehen, wenn den anspruchsberechtigten Aktionären keine neuen Aktien auf deren Verlangen zugeteilt werden, sondern auch durch einen unsachgemäßen Bezugsrechtsausschluss. Dieser entsteht vor allem dann, wenn die gegebene sachliche Rechtfertigung gesetzeswidrig ist. So kann ein Bezugsrechtsausschluss unter anderem dann als nicht gerechtfertigt angesehen werden, sobald eines der drei Kriterien, nämlich Gesellschaftsinteresse, Erforderlichkeit und Verhältnismäßigkeit, nicht erfüllt wird. Nachdem diese Kriterien oft schwer zu beurteilen sind, ist jedoch ein unsachgemäßer Bezugsrechtsausschluss auch häufig schwer festzustellen.[224]

Ein unsachgemäßer Bezugsrechtsausschluss tritt auch dann auf, wenn der Bezugsrechtsausschluss fehlerhaft ist. Dies ist unter anderem dann der Fall, wenn er nicht in einer Beschlussfassung mit der Abstimmung über die Kapitalerhöhung beschlossen wird, da diese beiden Beschlüsse eine untrennbare Einheit darstellen. Im Weiteren können auch Fehler in den Bekanntmachungsvorschriften zu einem fehlerhaften Bezugsrechtsausschluss führen, in dem etwa die Bekanntmachungsfrist nicht eingehalten wurde oder etwa die Tagesordnung oder andere Details über die Beschlussfassung nicht ordnungsgemäß veröffentlicht wurden. Ein fehlender oder mangelhafter Vorstandsbericht kann überdies auch einen Grund für einen unsachgemäßen Bezugsrechtsausschluss darstellen.[225]

5.4.2 Rechtsfolgen bei einem unsachgemäßen Bezugsrechtsausschluss

Sofern ein unsachgemäßer Bezugsrechtsausschluss gegeben ist, besteht die Möglichkeit, dass dieser von vornherein nichtig oder unwirksam ist oder aufgrund diverser Fehler

---

[222] Für nähere Informationen siehe Kapitel 5.3.3.
[223] Vgl. Wellner, 2004, 205ff; Nagele/Lux, 2010c, 586ff.
[224] Vgl. Zech, 2003, 215f; Kuhlmann/Ahnis, 2007, 214f; Marsch-Barner, 2008, 1158ff.
[225] Vgl. Marsch-Barner, 2008, 1159.

angefochten werden kann. Ein Bezugsrechtsausschluss ist dann unwirksam, wenn er nicht im Rahmen des Kapitalerhöhungsbeschlusses beschlossen wird, da diese beiden Beschlussfassungen nur gemeinsam durchgeführt werden können. Wenn einer der beiden Beschlussfassungen jedoch einen Verstoß gegen den Schutz der Aktionäre, das Wesen der Gesellschaft oder gegen inhaltliche Vorschriften beinhaltet, so wird nicht nur dieser, sondern auch der andere als nichtig angesehen.[226]

Der fehlerhafte Bezugsrechtsausschluss kann dann angefochten werden, wenn durch den Beschluss gesetzliche Vorschriften oder Bestimmungen der Satzung verletzt werden. Diese ergeben sich vor allem dann, wenn die Bekanntmachung nicht ordnungsgemäß durchgeführt wurde oder etwa der Vorstandsbericht fehlerhaft oder mangelhaft ist. Zusätzlich kann ein Bezugsrechtsausschluss auch dann angefochten werden, wenn die sachliche Rechtfertigung nicht die drei Kriterien, nämlich Gesellschaftsinteresse, Erforderlichkeit und Verhältnismäßigkeit, erfüllt oder eine derartige Rechtfertigung überhaupt gänzlich fehlt. Einen weiteren Anfechtungsgrund stellt ein unverhältnismäßig niedriger Ausgabekurs dar, weil dieser die Kapitalverwässerung der Altaktionäre verstärkt.[227]

---

[226] Vgl. Marsch-Barner, 2008, 1159; Strasser, 2010c, 767ff.
[227] Vgl. Marsch-Barner, 2008, 1159; Brix, 2009, 47; Bydlinski/Potyka, 2009, 208; Strasser, 2010b, 728f.

6 Empirische Untersuchung

6.1 Ziel der Untersuchung und Untersuchungsdurchführung

Das Ziel der vorliegenden empirischen Untersuchung besteht darin, die Bedeutung des Bezugsrechts für Altaktionäre in Österreich zu analysieren. Diese Untersuchung basiert dabei auf der Analyse der durchgeführten Kapitalerhöhungen, deren Ausgestaltung sowie deren Auswirkung auf bestehende und potentielle Aktionäre. Neben den allgemeinen Rahmenbedingungen wurde auch anhand einer Studie von Röder und Dorfleitner der Wert des Bezugsrechts näher untersucht.

Für die vorliegende Untersuchung wurden alle österreichischen Unternehmen, die an der Wiener Börse[228] notieren bzw. notiert haben und im Zeitraum vom 1.1.2000 bis 31.12.2009 eine Kapitalerhöhung gegen Bareinlage durchgeführt haben, herangezogen. Um die notwendigen Informationen für die Untersuchung zu erhalten, wurden einerseits die Veröffentlichungen der Kapitalerhöhung der Wiener Börse herangezogen und andererseits die Internetseiten, Jahresberichte und Geschäftsberichte der betreffenden Unternehmen untersucht. Des Weiteren wurden diverse Pressemeldungen, Veröffentlichungen im Amtsblatt zur Wiener Zeitung sowie Artikel aus Fachzeitschriften für die Untersuchung der betreffenden Kapitalerhöhungen herangezogen. Trotz der umfangreichen Recherche kann jedoch nicht ausgeschlossen werden, dass weitere Berichte und Informationen nicht aufgefunden wurden, vor allem durch den Umstand, dass einige Unternehmen nicht mehr existieren bzw. in irgendeiner anderen Form geführt werden und daher nicht in die Endauswertung einbezogen werden konnten.

Im Verlauf der Informationssuche und -sortierung beschränkte sich die Untersuchung im Weiteren auf Barkapitalerhöhungen im vordefinierten Zeitraum, um die Zahlen und Erkenntnisse bestmöglich unter möglichst ähnlichen Rahmenbedingungen analysieren zu können. Für die Analyse konnten somit 125 Barkapitalerhöhungen von insgesamt 47 verschiedenen Unternehmen herangezogen werden.[229] Die Informationen der Wiener Börse und der diversen Berichte wurden dann anhand erster Untersuchungskriterien näher analysiert. Die endgültige Untersuchung umfasst schließlich die Einteilung der Kapitaler-

---

[228] Die Wiener Börse AG ist die einzige Wertpapierbörse in Österreich und zählt zu den ältesten Börsen der Welt. Die Aufgabe der Wiener Börse AG ist unter anderem die Abwicklung der Börsengeschäfte, die Vermittlung zwischen den Marktteilnehmern sowie die Weiterentwicklung des Aktienmarktes in Österreich. – vgl. Wiener Börse AG, http://www.wienerborse.at/about/unternehmen/index.html, [Abfrage 12.06.2010].
[229] Für nähere Informationen siehe Tabelle 7 im Anhang.

höhung bezüglich eines gewährten Bezugsrechts und eines Bezugsrechtsausschlusses, die Analyse des Bezugsrechtshandels mit einer Bewertung des Bezugsrechts, die Inanspruchnahme der Bezugsrechte, die Betrachtung des Bezugsrechtsverhältnisses, einen Branchenvergleich sowie das Underpricing bezüglich des Bezugskurses.

Anschließend wurden die verfügbaren Informationen anhand der endgültigen Analysekriterien erneut untersucht, miteinander verglichen, kommentiert und auf Basis des theoretischen Hintergrunds einer abschließenden Bewertung unterzogen, um die Bedeutung des Bezugsrechts in Österreich näher zu analysieren.

6.2 Ergebnisse der empirischen Untersuchung

6.2.1 Kapitalerhöhungen und Bezugsrecht

Das Bezugsrecht ist gem. § 153 Abs 1 AtkG, wie bereits in Kapitel 3.1 näher erläutert wurde, ein mitgliedschaftliches Grundrecht der Aktionäre, wobei lt. § 153 Abs 3 und 4 AktG auch diverse Ausschlussgründe[230] vorgesehen sind. Das Bezugsrecht soll nicht nur dem Gleichbehandlungsgrundsatz gem. § 49a AktG nachkommen, sodass den Aktionären eine ihrem Anteil entsprechende Beteiligung bei der Kapitalerhöhung ermöglicht wird, sondern es soll die Aktionäre zusätzlich vor einer Stimmrechtsverschiebung und Kapitalverwässerung durch die Ausgabe junger Aktien schützen.[231] Dennoch ist es in einigen Fällen notwendig, dieses Bezugsrecht auszuschließen, um etwa Unternehmensbeteiligungen, Kooperationen mit Kunden oder Lieferanten, Mitarbeiterbeteiligungen oder ähnliches zu ermöglichen.[232]

Im Rahmen dieser Untersuchung wurden alle im Untersuchungszeitraum durchgeführten Barkapitalerhöhungen daraufhin überprüft, ob das Bezugsrecht gewährt wurde bzw. bei wie vielen Kapitalerhöhungen das Bezugsrecht ausgeschlossen wurde. Die nachfolgende Tabelle 1 gibt einen Überblick, wie viele Kapitalerhöhungen in den einzelnen Jahren des Untersuchungszeitraums jeweils mit Bezugsrecht bzw. ohne Bezugsrecht (= mit Bezugsrechtsausschluss) durchgeführt wurden.

---

[230] Für nähere Informationen zum Bezugsrechtsausschluss siehe Kapitel 5.
[231] Vgl. Prätsch/Schikorra/Ludwig, 2007, 58; Westermann, 2008, 295ff.
[232] Vgl. Wellner, 2004, 139ff.

Jahr	Anzahl der KEH	Bewertungs-maßstab	mit BR	ohne BR/ mit BRA
2000	9	9 = 100%	8 88,89%	1 11,11%
2001	8	8 = 100%	8 100,00%	0 0,00%
2002	10	10 = 100%	9 90,00%	1 10,00%
2003	11	11 = 100%	10 90,91%	1 9,09%
2004	20	20 = 100%	18 90,00%	2 10,00%
2005	22	22 = 100%	20 90,91%	2 9,09%
2006	20	20 = 100%	16 80,00%	4 20,00%
2007	10	10 = 100%	7 70,00%	3 30,00%
2008	4	4 = 100%	3 75,00%	1 25,00%
2009	11	11 = 100%	8 72,73%	3 27,27%
Gesamt	**125**	**125**	**107 85,60%**	**18 14,40%**

Tabelle 1: Kapitalerhöhungen mit und ohne Bezugsrecht[233]

Wie in der Tabelle 1[234] ersichtlich ist, wurden im Untersuchungszeitraum vom 1.1.2000 bis 31.12.2009 insgesamt 125 Kapitalerhöhungen gegen Bareinlage durchgeführt. Davon wurde bei insgesamt 107 Kapitalerhöhungen den Altaktionären auch ein Bezugsrecht gewährt, sodass im Untersuchungszeitraum zu 85,6% dem mitgliedschaftlichen Grundrecht gem. § 153 Abs 1 AktG entsprochen wurde. Lediglich bei 18 Kapitalerhöhungen, das entspricht 14,4% im betreffenden Zeitraum, wurde das Bezugsrecht ausgeschlossen, sodass hier die Aktionäre auf ihr Grundrecht verzichten mussten. In der Tabelle 1 wird aber auch ersichtlich, dass zu Beginn der 2000er Jahre nur vereinzelt dieses Anspruchsrecht ausgeschlossen wurde, wobei sich die Anzahl der Ausschlüsse ab dem Jahr 2006 doch bedeutend verstärkt hat.

---

[233] Quelle: eigene Darstellung.
[234] Vergleiche auch Abbildung 2.

6.2.2 Bezugsrecht und Bezugsrechtshandel

Im Weiteren wurde untersucht, bei wie vielen der untersuchten Barkapitalerhöhungen auch ein Handel des Bezugsrechts durchgeführt wurde, da der Bezugsrechtshandel, wie in Kapitel 4.2.4.2 beschrieben wurde, eine Möglichkeit zur Verringerung der Kapitalverwässerung darstellt, sofern Altaktionäre keine neuen Aktien erwerben wollen. Im Rahmen des Bezugsrechtshandels können die Altaktionäre ihre Bezugsrechte an der Börse verkaufen, nachdem diese mit Beginn der Bezugsfrist von den alten Aktien abgesplittet wurden. Während der Bezugsfrist wird das Bezugsrecht dann am Aktienmarkt gehandelt, wobei sich ähnlich wie bei den Aktien ein Kurs aufgrund des Angebots und der Nachfrage ergibt, welcher sich während Bezugsfrist verändern kann.[235] Der Bezugsrechtshandel ermöglicht den Altaktionären eine Verringerung der Kapitalverwässerung, indem durch die Veräußerung der Rechte ein Teil der Werteinbußen gutgemacht werden kann.[236]

Jahr	Anzahl der KEH	mit BR	Bewertungsmaßstab	mit BRH
2000	9	8	8 = 100%	8 100,00%
2001	8	8	8 = 100%	8 100,00%
2002	10	9	9 = 100%	7 77,78%
2003	11	10	10 = 100%	10 100,00%
2004	20	18	18 = 100%	16 88,89%
2005	22	20	20 = 100%	14 70,00%
2006	20	16	16 = 100%	8 50,00%
2007	10	7	7 = 100%	0 0,00%
2008	4	3	3 = 100%	0 0,00%
2009	11	8	8 = 100%	2 25,00%
Gesamt	**125**	**107**	**107**	**73 68,22%**

Tabelle 2: Kapitalerhöhungen mit BR und mit BRH[237]

---

[235] Vgl. Fischer, 2005, 183; Ketzler, 2005, 21f; Michalky/Schittler, 2008, 989f.
[236] Vgl. Schlitt/Seiler, 2003, 2181; Töpfer, 2007, 341ff.
[237] Quelle: eigene Darstellung.

In Tabelle 2 wird veranschaulicht, dass von den insgesamt 107 Kapitalerhöhungen mit Bezugsrecht lediglich bei 73 auch ein Bezugsrechtshandel stattfand. Das bedeutet, dass bei fast einem Drittel der Kapitalerhöhungen die Altaktionäre keine Möglichkeit der Veräußerung ihrer Rechte hatten und diese somit für die bestehenden Aktionäre wertlos waren, sofern sie keine neuen Aktien erworben haben. Dies spricht eindeutig gegen den Schutz der Aktionäre vor einer Kapitalverwässerung, auch wenn es keine konkrete gesetzliche Verpflichtung zu einem Bezugsrechtshandel gibt. Im § 153 Abs 1 AktG ist lediglich vorgeschrieben, dass bestehende Aktionäre ein Recht auf die Zuteilung neuer Aktien im Ausmaß ihrer bestehenden Anteile haben,[238] sodass für den Gesetzgeber anscheinend ein möglicher Stimmrechtsverlust wichtiger erscheint, als vor einer Kapitalverwässerung durch einen Bezugsrechtshandel zu schützen, sofern die Aktionäre ihre Bezugsrechte nicht ausüben können.

In Tabelle 2 wird aber auch eindeutig ersichtlich, dass in den letzten Jahren immer häufiger Kapitalerhöhungen mit Bezugsrecht ohne einen Bezugsrechtshandel durchgeführt werden. Während in den ersten Jahren des Untersuchungszeitraums teilweise alle Erhöhungen mit Bezugsrecht mit einem Bezugsrechtshandel durchgeführt wurden, sank diese Zahl ab 2004 deutlich ab, wobei im Jahr 2006 nur mehr bei 50% ein Handel gewährt wurde und in den beiden darauffolgenden Jahren überhaupt keiner. Im Jahr 2009 erfolgten zwar wieder rund 25% der durchgeführten Kapitalerhöhungen mit Bezugsrecht auch mit einem Bezugsrechtshandel, aber dennoch scheint die Entwicklung, dass ein Bezugsrechtshandel an Bedeutung verliert oder die Aktiengesellschaften diesen aus Kostengründen verneinen, recht eindeutig.

---

[238] Vgl. § 153 Abs 1 AktG.

6.2.3 Entwicklung des Bezugsrechts und Bezugsrechtshandels

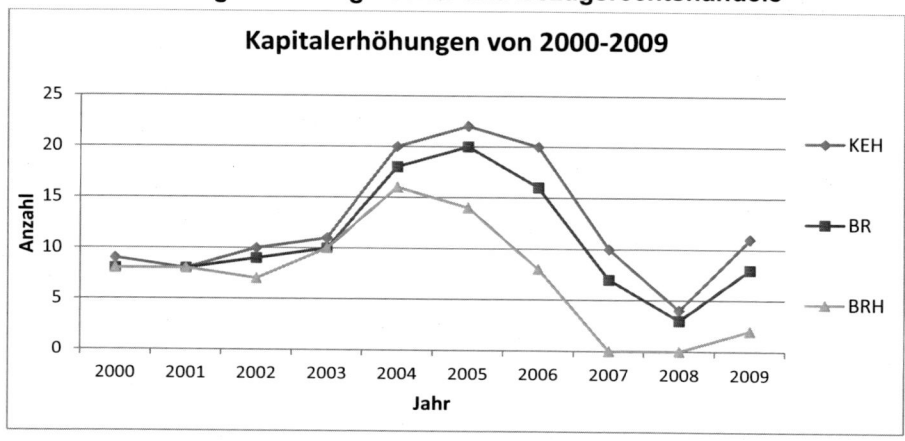

Abbildung 2: Entwicklung der Kapitalerhöhung mit BR und BRH[239]

In Abbildung 2 wird eine zusammenfassende Entwicklung der Kapitalerhöhungen, sowie jene mit Bezugsrecht und jene mit einem zusätzlichen Bezugsrechtshandel veranschaulicht. Hier wird klar ersichtlich, dass die Anzahl der Kapitalerhöhungen stetig zugenommen haben, wobei diese im Jahr 2005 ihren Höhepunkt hatten und danach wieder zurückgingen, sodass sie im Jahr 2009 nur knapp über der Anzahl der Erhöhungen zu Beginn des Untersuchungszeitraumes liegt. Abbildung 2 zeigt auch sehr schön, dass es auch eine eindeutige Entwicklung bei der Durchführung der Kapitalerhöhungen mit Bezugsrecht gibt. Während in den ersten Jahren des Untersuchungszeitraumes fast bei allen Erhöhungen den Aktionären dieses mitgliedschaftliche Grundrecht ermöglicht wurde, begann ab 2004 die Entwicklung dahingehend, dass dieses doch vereinzelt aus den verschiedensten Gründen verwehrt wurde[240]. Eine viel extremere Entwicklung kann aber beim Bezugsrechtshandel festgestellt werden, da ab dem Jahr 2004 die Spanne zwischen einer Kapitalerhöhung mit Bezugsrecht und einer zusätzlichen Möglichkeit des Bezugsrechtshandels immer weiter auseinanderklafft.

---

[239] Quelle: eigene Darstellung.
[240] Für nähere Informationen zu den Motiven und Gründen für einen BRA siehe Kapitel 6.2.8.

6.2.4 Inanspruchnahme des Bezugsrechts

Um die Bedeutung des Bezugsrechts zu analysieren, ist es natürlich auch wichtig zu wissen, wie viele der Altaktionäre diese Rechte überhaupt in Anspruch nehmen. Von den Unternehmen gibt es aber relativ wenige Informationen bezüglich der Inanspruchnahme der gewährten Bezugsrechte. Alle dazu aufgefundenen Angaben werden im Anhang in Tabelle 8 als kurze Zitate veranschaulicht, wobei hier lediglich von 15 der insgesamt 77 Kapitalerhöhungen, die mit einem Bezugsrecht durchgeführt wurden, wertvolle Details bezüglich der Ausnützung dieses Anspruchsrechts ermittelt werden konnten.

Auffällig ist bei der Analyse der Aussagen, dass es den Unternehmen primär darum geht, dass bestehende Großaktionäre auf jeden Fall ihren Anteil halten bzw. wenn möglich noch vergrößern, indem sie etwa nicht verwertete Bezugsrechte erwerben und in Anspruch nehmen. So war etwa der Böhler Uddeholm AG 2005, der Raiffeisen International Holding AG 2007, der UNIQA Versicherungen AG 2008 und 2009 sowie der KTM Power Sports AG 2009 besonders daran gelegen, dass deren Großaktionäre zumindest ihren Anteil an der betreffenden Aktiengesellschaft durch die Ausnutzung der Bezugsrechte halten bzw. gegebenenfalls sogar verstärken. Lediglich bei der Kapitalerhöhung der ARGRANA Beteiligungs-AG 2005 und der Austrian Airlines AG 2008 wurde vermerkt, dass die Haupteigentümer ihre Bezugsrechte nicht ausübten, sodass deren Beteiligung an der Gesellschaft abnahm und der Streubesitz hingegen zugenommen hat.[241] Dies kann vermutlich daraus resultieren, dass den beiden letzten genannten Aktiengesellschaften daran gelegen ist, dass diese neues Kapital von außen bzw. neue Kapitalgeber gewinnen, während alle anderen darauf bedacht sein dürften, die bestehenden Machtpositionen innerhalb der Eigentümer zu halten bzw. zu stärken. Die Tatsache, dass Großaktionäre ihre Position nicht verlieren möchten und daher in den meisten Fällen im Rahmen einer Kapitalerhöhung ihre Bezugsrechte ausüben, wird auch in der Literatur immer wieder beschrieben,[242] sodass dieses Ergebnis nicht unbedingt überraschend ist.

---

[241] Vgl. Tabelle 8 im Anhang.
[242] Vgl. Vogel, 2002, 83; Korndörfer, 2003, 311.

Jahr	Unternehmen	Inanspruchnahme
2004	Brain Force Software AG	80,00%
2004	OMV AG	12,00%
2007	Raiffeisen International Bank-Holding AG	47,95%
2007	Wienerberger AG	40,00%
2008	UNIQA Versicherungen AG, ST	87,07%
2009	KTM Power Sports AG	39,44%
2009	Wienerberger AG	98,00%
2009	BKS Bank AG, St	86,30%
2009	UNIQA Versicherungen AG	92,87%
Durchschnitt		**64,85%**

Tabelle 3: Inanspruchnahme des Bezugsrechts[243]

In der obenstehenden Tabelle 3 werden jene Kapitalerhöhungen angeführt, von denen auch eine prozentuelle Angabe bezüglich der Inanspruchnahme des Bezugsrechts gefunden werden konnte. Diese Werte müssen aber sehr kritisch gesehen werden, da anzunehmen ist, dass hier allgemein von einer Inanspruchnahme der Bezugsrechte die Rede ist, wobei dies nicht nur durch die Altaktionäre geschehen muss, sondern auch über den Erwerb von Rechten durch neue Aktionäre erfolgen. Zudem sind die Angaben sehr unterschiedlich, sodass etwa bei der Kapitalerhöhung der OMV AG 2004 lediglich von einer Teilnahme von 12% gesprochen wird, während zum Beispiel die Wienerberger AG für ihre Kapitalerhöhung im Jahr 2009 von einer Beteiligung von 98% spricht. Dies zeigt, dass die angegebenen Werte bei den einzelnen Kapitalerhöhungen wirklich sehr weit auseinander liegen. Dennoch kann angenommen werden, dass die Mehrheit der Bezugsrechte ausgenützt werden, wobei nicht gewährleistet ist, dass dies durch die Altaktionäre erfolgt.

Aus der Zusammenstellung der Aussagen bezüglich der Inanspruchnahme des Bezugsrechts kann der Schluss gezogen werden, dass den Großaktionären eine größere Bedeutung beigemessen wird und diese eher ihre Bezugsrechte in Anspruch nehmen, damit sie ihren Anteil halten können, während die Teilnahme der Kleinaktionäre eher unspezifisch erfolgt. Auch dieses Phänomen wird in der Literatur immer wieder angeführt, wobei die Autoren dies damit erklären, dass der Einfluss der Kleinaktionäre ohnehin sehr gering ist und diese

---

[243] Quelle: eigene Darstellung.

daher der Stimmrechts- und Kapitalverwässerung keine so große Bedeutung zuschreiben. Die Großaktionäre werden hingegen oft als strategische Investoren gesehen und daher ist es für diese wichtig, dass sie ihre Beteiligungsquote und im Weiteren auch ihre Stimmrechtsquote aufrecht erhalten.[244]

6.2.5 Verkauf des Bezugsrechts

Nachdem im vorangegangenen Kapitel untersucht wurde, inwieweit die Bezugsrechte in Anspruch genommen wurden, wird im nächsten Schritt geprüft, wie viele Bezugsrechte im Rahmen des Bezugsrechtshandels an der Börse verkauft wurden. Obwohl bei 73 der insgesamt 125 Kapitalerhöhungen ein Bezugsrechtshandel laut den Geschäftsberichten und Statistiken der Wiener Börse stattgefunden hat, konnten dennoch nur 26 davon für die Untersuchung herangezogen werden, da bei vielen kein direkter Handel über die Börse erfolgte bzw. da aufgrund der Tatsache, dass die Unternehmen in jener Form wie zur Zeit der Kapitalerhöhung nicht mehr existieren, keine Daten mehr verfügbar sind. In der folgenden Tabelle 4[245] wird dargestellt, wie viele Bezugsrechte im Vergleich zu den vorhandenen Altaktien gehandelt wurden.[246]

---

[244] Vgl. Vogel, 2002, 83; Korndörfer, 2003, 311.
[245] Für weitere Daten zu den gehandelten Bezugsrechten siehe Tabelle 9 im Anhang.
[246] Da jede alte Aktie ein Bezugsrecht darstellt, konnte ermittelt werden, wie viel Prozent der Bezugsrechte gehandelt wurden.

Jahr	Unternehmen	Anzahl gehandelte BR	Anzahl alte Aktien	Prozentanteil
2001	CA Immobilien	5.061.108	16.499.996	30,67%
2002	CA Immobilien	11.845.560	18.149.996	65,26%
2002	CA Immobilien Anlagen AG	7.543.888	19.964.996	37,79%
2002	Erste Bank	21.430.480	50.362.955	42,55%
2002	Immofinanz Immobilien	40.623.680	123.068.269	33,01%
2003	Immofinanz	12.928.364	167.820.368	7,70%
2003	CA Immobilien Anlagen	6.222.792	26.441.996	23,53%
2003	CA Immobilien Anlagen	20.807.052	21.961.496	94,74%
2003	conwert Immobilien Invest	2.702	3.000.000	0,09%
2003	Josef Manner	195.424	1.755.000	11,14%
2004	Sparkassen Immobilien AG	2.043.662	30.374.800	6,73%
2004	Josef Manner & Comp. AG	72.918	1.822.500	4,00%
2004	Immofinanz Immobilien Anlagen	70.609.588	201.384.442	35,06%
2004	CA Immobilien Anlagen AG	23.069.876	32.317.996	71,38%
2004	CA Immobilien Anlagen AG	13.909.856	29.379.996	47,34%
2004	CROSS Holding AG	191.362	4.400.000	4,35%
2004	EVN AG	6.556.112	37.581.455	17,45%
2004	Brain Force Software AG	117.568	7.252.183	1,62%
2005	Sparkassen Immobilien	506.150	33.412.279	1,51%
2005	AGRANA Beteiligungs-AG	2.509.484	11.027.040	22,76%
2005	Immofinanz Immobilien Anlagen AG	132.887.024	251.730.554	52,79%
2005	CA Immobilien	21.093.352	35.549.796	59,33%
2005	SW Umwelttechnik Stoiser & Wolscher AG	71.780	600.000	11,96%
2006	conwert Immobilien Invest AG	3.049.192	39.123.000	7,79%
2006	Oberbank AG, St	171.836	7.320.000	2,35%
2006	ECO Business-Immobilien AG	21.130	16.287.500	0,13%

Tabelle 4: Zusammenfassung der gehandelten Bezugsrechte[247]

Wie in Tabelle 4 sehr deutlich ersichtlich wird, variiert der Verkauf der Bezugsrechte an der Börse sehr stark. So war der Bezugsrechtshandel etwa bei der Kapitalerhöhung der conwert Immobilien Invest im Jahr 2003 mit nur 0,09% im Vergleichszeitraum am geringsten beansprucht worden. Im Vergleich dazu wurden im selben Jahr bei dem Unternehmen CA Immobilien Anlagen insgesamt 94,74% der Bezugsrechte der Altaktien gehandelt wurden. Dies zeigt, dass hier wirklich eine sehr große Streuung stattfindet, sodass ein Mittelwert von 26,66%, der sich beim Vergleich dieser Werte ergibt, nicht viel aussagt.

---

[247] Quelle: eigene Darstellung.

Aus der oben angeführten Tabelle 4 kann aber auch der Schluss gezogen werden, dass die Stärke des Verkaufs nicht unbedingt jahres- oder unternehmensabhängig sein muss, denn einerseits befinden sich sowohl die niedrigste als auch die höchste Inanspruchnahme des Verkaufs der Bezugsrechte über die Börse im selben Jahr. Andererseits sieht man etwa bei CA Immobilien, die mit insgesamt sieben Datensätzen hier am häufigsten vertreten ist, dass auch hier die Verkäufe zwischen 23,53% und 94,74% schwanken. Inwieweit sich diese Schwankungen auf den Wert des Bezugsrechts zurückführen lassen, wird im Rahmen der Untersuchung des Bezugsrechts in Kapitel 6.2.7 geprüft.

6.2.6 Verteilung der gehandelten Bezugsrechte über den Zeitraum des Bezugsrechtshandels

Aufbauend auf dem Vergleich, wie viele der Bezugsrechte im Rahmen des Bezugsrechtshandels verkauft wurden, werden im Folgenden dieselben Datensätze dahingehend untersucht, an welchem der üblicherweise drei Handelstage des Bezugsrechtshandels das größte Volumen gehandelt wurde. Eine genaue Darstellung der gehandelten Volumina über die Dauer des Handels findet sich in der Tabelle 9 im Anhang.

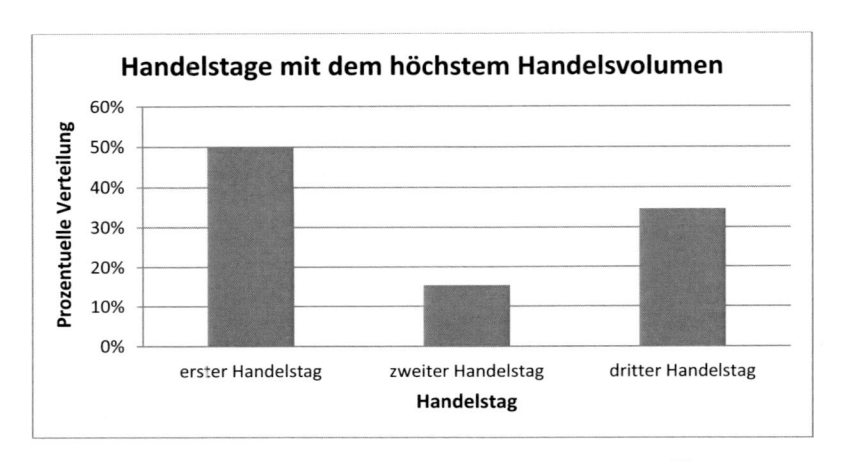

Abbildung 3: Vergleich der Handelstage mit dem höchsten Handelsvolumen[248]

Abbildung 3 veranschaulicht sehr gut, dass die meisten Bezugsrechte bereits am ersten Handelstag verkauft werden. Diese Tatsache wird dadurch bestätigt, dass bei 50% der

---

[248] Quelle: eigene Darstellung.

untersuchten Unternehmen, die einen Bezugsrechtshandel durchführten, festgestellt werden kann, dass von diesen das größte Volumen der Bezugsrechte sofort am ersten Tag gehandelt wurde. Hingegen wurde nur bei etwa einem Drittel der beobachteten Kapitalerhöhungen mit Bezugsrechtshandel das höchste Volumen am dritten – also dem letzten – Tag gehandelt. Am wenigsten wurde mit rund 15% am zweiten Handelstag verkauft. Dieses Ergebnis ist doch etwas überraschend, weil angenommen werden konnte, dass der dritte und letzte Tag der stärkste Verkaufstag ist, weil die Banken dazu verpflichtet sind, dass diese die Bezugsrechte ihrer Aktionäre zum letztmöglichen Zeitpunkt verkaufen, sofern diese keine Anweisungen geben.[249] Dies zeigt, dass Aktionäre es entweder bevorzugen, ihre Bezugsrechte in Anspruch zu nehmen, nachdem bei 21 der 26 untersuchten Datensätze weniger als 50% der Bezugsrechte gehandelt wurden[250] oder dass diese dazu neigen, ihre Rechte selbstständig oder durch Weisung gleich am ersten Handelstag zu veräußern.

6.2.7 Wert des Bezugsrechts

Die beiden vorangegangenen Kapitel haben gezeigt, dass in den untersuchten Unternehmen die Möglichkeit des Handels mit den Bezugsrechten im Untersuchungszeitraum sehr unterschiedlich angenommen wurden, wobei bei über 80% der Kapitalerhöhungen weniger als 50% der Bezugsrechte verkauft wurden. Aus diesem Grund soll nun der Bezugsrechtswert mithilfe der in Kapitel 3.5 näher erläuterten Formel ermittelt und darauf aufbauend mit den tatsächlichen Werten des gehandelten Bezugsrechts verglichen werden. Tabelle 10 mit den Berechnungen des Bezugsrechts findet sich im Anhang. Hierbei sei anzumerken, dass bereits vor der Abspaltung des Bezugsrechts von der Aktie ein erster Wert für das Bezugsrecht ermittelt wurde und weitere dann täglich über die Dauer des Bezugsrechtshandels, da sich der rechnerische Wert aufgrund der Kursschwankungen der alten Aktie auch ändert.[251]

Im Rahmen der Berechnung des Bezugsrechts konnte herausgefunden werden, dass das Bezugsrecht allgemein einen sehr geringen bis gar keinen monetären Wert aufweist, sodass bei den Berechnungen Gegenwerte von 0 bis maximal 3,11 Euro vorgefunden wurden. Im Vergleich dazu erwies sich der tatsächlich gehandelte Wert des Bezugsrechts teilweise als

---

[249] Vgl. Schlitt/Seiler, 2003, 2183.
[250] Vgl. Tabelle 9 im Anhang.
[251] Für nähere Informationen siehe Kapitel 3.5.

noch geringer, da sich dieser bei den untersuchten Daten lediglich zwischen 0,01 bis 1,04 Euro bewegte. Dies zeigt, dass sich vor allem für Kleinaktionäre der Handel mit den Bezugsrechten als wenig sinnvoll erweist, da diese einerseits nur sehr geringe Erträge erzielen können und andererseits bedacht werden muss, dass beim Verkauf der Rechte auch Gebühren entstehen, wobei diese wahrscheinlich zum Großteil bis gänzlich den Gewinn aus dem Verkauf aufbrauchen würden.

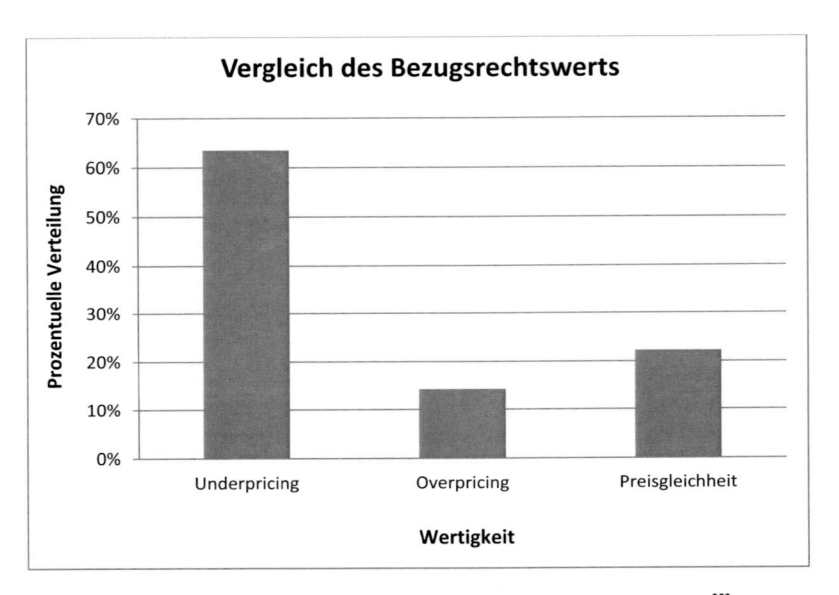

Abbildung 4: Vergleich des errechneten und des tatsächlichen Bezugsrechtswerts[252]

Beim Vergleich des rechnerischen und des tatsächlichen Werts des Bezugsrechts konnte, wie in Abbildung 4 veranschaulicht wird, festgestellt werden, dass bei über 60% der Datensätze der tatsächliche Betrag, den ein Aktionär für sein Bezugsrecht erhalten hat, unter dem rechnerischen lag. Lediglich bei rund 14% war der umgekehrte Fall gegeben und bei knapp über 20% entsprach das errechnete Bezugsrecht jenem, das dem Altaktionär tatsächlich gewährt wurde. Diese Ergebnisse bestätigen die Studie von Röder und Dorfleitner (2003)[253], die mit verschiedenen Bewertungsmethoden den Wert des Bezugsrechts ermitteln[254] und mit dem tatsächlichen Wert des Bezugsrechts verglichen haben. Die Autoren

---

[252] Quelle: eigene Darstellung.
[253] Vgl. Röder/Dorfleitner, 2002, 460ff.
[254] Im Rahmen dieser Untersuchung wurde das Bezugsrecht aber nur mit der traditionellen Formel – vgl. Kapitel 3.5 – ermittelt. Auf die anderen Bewertungsmethoden soll hier nicht näher eingegangen werden..

kommen nämlich zu dem Fazit, dass die Bezugsrechte unter ihrem Wert gehandelt werden, sodass ein sogenanntes Underpricing erfolgt. Röder und Dorfleitner verweisen auch noch auf weitere Autoren, wie etwa auf Lorenz/Röder (1995), Bae/Levy (1994) und Zimmermann (1987), die zuvor bereits das Phänomen des Underpricings des Bezugsrechtswerts beschrieben haben.[255]

Alle obengenannten Autoren stellten im Rahmen ihrer Untersuchungen auch fest, dass im Verlauf des Bezugsrechtshandels das Underpricing zugenommen hat.[256] Dieses Phänomen trat bei dieser empirischen Untersuchung aber nicht einmal bei einem Viertel der herangezogenen Datensätze auf[257], sodass die Ergebnisse der Autoren hier nicht bestätigt werden können. Dies kann zum einen daraus resultieren, dass bei dieser Untersuchung nur eine sehr kleine Datenmenge mit insgesamt 22 Kapitalerhöhungen mit Bezugsrechtshandel zur Verfügung stand; andererseits wurde hier der österreichische Aktienmarkt herangezogen, während sich die verschiedenen Autoren mit dem deutschen, schweizerischen bzw. dem US-amerikanischen Markt befassten.[258]

Zusammenfassend kann hier festgehalten werden, dass das Bezugsrecht einen eher geringen rechnerischen Wert aufweist und dazu auch noch meist unter diesem Wert gehandelt wird. Dies kann sicherlich ein Grund dafür sein, warum lediglich bei knapp 20% der untersuchten Kapitalerhöhungen mit Bezugsrechtshandel über 50% der Bezugsrechte verkauft wurden.[259]

6.2.8 Gründe für einen Bezugsrechtsausschluss

Wie bereits im Kapitel 6.2.1 erläutert, wurde im Untersuchungszeitraum bei insgesamt 18 Kapitalerhöhungen das Bezugsrecht ausgeschlossen, sodass die Altaktionäre auf ihr Recht des vorrangigen Erwerbs von Aktien verzichten mussten und dadurch auch einen stärkeren Kapital- und Stimmrechtsverwässerungseffekt in Kauf nehmen mussten. Im Folgenden werden die betreffenden Kapitalerhöhungen daraufhin untersucht, aufgrund welcher Motive die Altaktionäre dieses Grundrecht einbüßen mussten. Vorab muss aber festgehalten werden, dass es sich hier mit lediglich 18 untersuchten Kapitalerhöhungen um eine eher

---

[255] Vgl. Röder/Dorfleitner, 2002, 460f; Ketzler, 2005, 23f.
[256] Vgl. Röder/Dorfleitner, 2002, 460f.
[257] Siehe dazu Tabelle 10 im Anhang.
[258] Vgl. Röder/Dorfleitner, 2002, 460f; Ketzler, 2005, 31ff.
[259] Vgl. Tabelle 9 im Anhang.

kleine Untersuchungsgruppe handelt, wodurch eventuell gewisse Gründe nur unzureichend zum Ausdruck kommen und daher bei größeren Untersuchungen durchaus andere Ergebnisse zustande kommen können.

Motive	Nennungen	in %
IPO/Börsegang	4	22,22%
Beschluss des Vorstands	7	38,89%
Ausdrücklicher Beschluss der Aktionäre	1	5,56%
Strategischer Partner	1	5,56%
Keine Information verfügbar	5	27,78%
Gesamt	**18**	**100,00%**

Tabelle 5: Motive für einen Bezugsrechtsausschluss[260]

Die vorliegende Tabelle 5 veranschaulicht sehr gut, dass es diverse Gründe für einen Bezugsrechtsausschluss gibt, wobei das markanteste Motiv mit insgesamt sieben Nennungen ein Beschluss des Vorstands war, nachdem diesem aufgrund einer Ermächtigung zur Durchführung einer Kapitalerhöhung die Entscheidung bezüglich eines Bezugsrechts bzw. Bezugsrechtsausschlusses oblag. Bei weiteren vier Kapitalerhöhungen erfolgte ein erstmaliger Börsengang, ein sogenannter IPO, bei dem das Bezugsrecht bereits aufgrund des Umstands, dass es noch keine Altaktionäre gibt, ausgeschlossen wird.[261] Andere Gründe für einen Ausschluss waren etwa, dass dieser ausdrücklich durch die Aktionäre beschlossen wurde, sowie die Vergabe der neuen Aktien an einen strategischen Partner, mit jeweils einer Nennung. Bei fünf weiteren Kapitalerhöhungen wurde lediglich angegeben, dass kein Bezugsrecht vorgesehen war bzw. konnte diesbezüglich überhaupt keine Information gefunden werden.

Wie bereits in Kapitel 5.1.2.1 erläutert wurde, liegt dem Vorstand primär sehr viel an einer raschen Platzierung der Aktien. Dies kann sicher aufgrund der Tatsache, dass bei insgesamt sieben Kapitalerhöhungen das Bezugsrecht durch den Vorstand infolge einer vorigen Ermächtigung der Hauptversammlung und einer abschließenden Zustimmung des Aufsichtsrats ausgeschlossen wurde, bekräftigt werden. Zudem ist es im Interesse des Vorstands, dass diese Platzierung nicht nur schnell, sondern auch möglichst kostengünstig für die betreffende Aktiengesellschaft verläuft; dies begründet gewiss den Ausschluss des

---

[260] Quelle: eigene Darstellung.
[261] Vgl. dazu Kapitel 5.2.1.2.

Bezugsrechts durch den Vorstand, da, wie bereits in Kapitel 5.1.2.1 erläutert wurde, bei einer Kapitalerhöhung mit Bezugsrecht höhere Kosten entstehen.

6.2.9 Branchenanalyse

Nachdem die durchgeführten Kapitalerhöhungen allgemein und nach Jahren aufgesplittet untersucht wurden, werden nun die Unternehmen anhand der Branchenklassifizierung der Wiener Börse[262] in Branchen eingeteilt[263] und mit der gesamten prozentuellen Verteilung der Branchen am Equity Market[264] der Wiener Börse[265] verglichen. Darauf aufbauend werden die untersuchten Unternehmen anhand der Branchenklassifizierung bezüglich einer Gewährung eines Bezugsrechts und eines möglichen Bezugsrechtshandels verglichen.

---

[262] Vgl. Wiener Börse AG, http://www.wienerborse.at/stocks/atx/, [Abfrage 13.07.2010].
[263] Siehe Tabelle 13 im Anhang mit der Zuteilung der einzelnen Unternehmen zu einer Branche.
[264] Der Equity Market der Wiener Börse stellt den Aktienmarktplatz der betreffenden Börse dar. Der Equity Market wird im Weiteren in den Prime Market, Mid Market und Standard Market unterteilt. Hierbei kann das Marktsegment des Prime Market als das hochwertigste angesehen werden, da hier die Aktien, die zum Amtlichen Handel oder Freiverkehr an der Wiener Börse zugelassen sind, nicht nur die allgemein geltenden gesetzlichen Bestimmungen des Börsengesetzes einhalten, sondern sich zusätzlich der Einhaltung diverser Transparenz-, Qualitäts- und Publizitätskriterien verpflichten. Im Mid Market finden sich hingegen Aktien, die einen geringen Kapitalbedarf benötigen, aber ebenso eine erhöhte Einhaltung der oben genannten Kriterien garantieren. Im Standard Market, der in den Standard Market Continous und Standard Market Auction untergliedert wird, befinden sich die übrigen Aktien, die zum Amtlichen Handel und zum Geregelten Freiverkehr an der Wiener Börse zugelassen sind, aber nicht den Kriterien der anderen beiden Marktsegmente des Equity Markets entsprechen. Hierbei sei noch anzumerken, dass sich die im Equity Market geführten Aktien aber regelmäßig, etwa durch IPOs, Unternehmensauflösungen, -zusammenschlüsse oder ähnlichem, verändern. – vgl. Wiener Börse, http://www.wienerborse.at/marketplace_products/segmentation/equitymarket/ [Abfrage: 13.07.2010].
[265] Siehe Tabelle X für die Einteilung des Equity Market in Branchen und Tabelle X für die prozentuelle Verteilung.

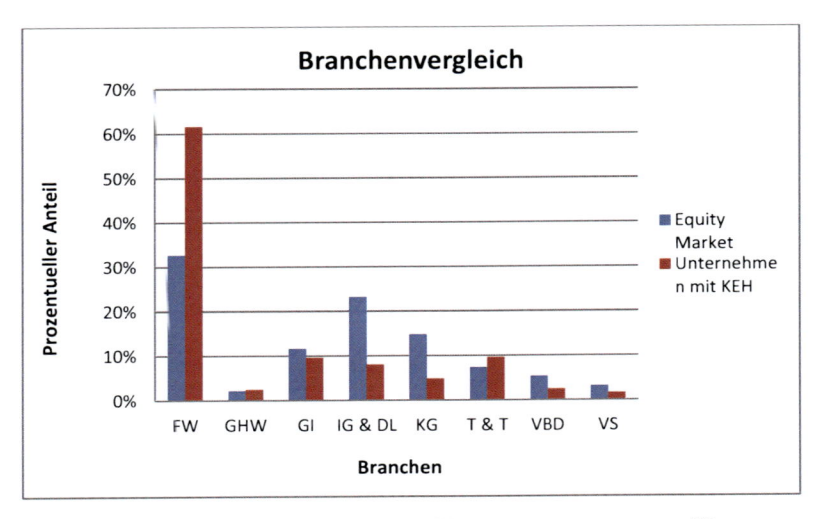

Abbildung 5: Branchenvergleich: Equity Market[266] und Unternehmen mit KEH[267]

Im Vergleich aller im Juli 2010 am Equity Market geführten Unternehmen mit jenen Unternehmen, die im Untersuchungszeitraum eine Kapitalerhöhung durchgeführt haben, zeigt Abbildung 5, dass hier teilweise eklatante Unterschiede zwischen den Branchenverteilungen vorherrschen. Obwohl sowohl beim Equity Market als auch bei den untersuchten Unternehmen die Branche „Finanzwesen" am stärksten vertreten ist, findet man diese Branche am Aktienmarkt dennoch nur mit rund 33%, während fast 62% der untersuchten Aktiengesellschaften mit Kapitalerhöhung dieser Branche zurechenbar sind. Nur bei den Branchen „Technologie & Telekom" und „Gesundheitswesen" verhält es sich ebenso, dass diese Branchen bei den untersuchten Unternehmen häufiger auftreten, wobei diese Unterschiede nur geringfügig sind. Die übrigen fünf Branchen sind in der Verteilung am Equity Market im Vergleich zu den untersuchten Unternehmen stärker vertreten, wobei die wesentlicheren Abweichungen in den Branchen „Industriegüter & Dienstleistungen" sowie „Konsumgüter" vorzufinden sind. Während nämlich am Equity Market fast ein Viertel aller aktuell gehandelten Aktien der Branche „Industriegüter & Dienstleistungen" zurechenbar ist, sind es bei den Unternehmen mit Kapitalerhöhungen lediglich 8%. Bemerkenswert ist auch das Verhältnis in der Branche „Konsumgüter", weil bei der ein Anteil von knapp 15% am gesamten Aktienmarkt einem Anteil von nur rund 5% bei den Unternehmen dieser Untersuchung gegenübersteht.

---

[266] Stand: Juli 2010.
[267] Quelle: eigene Darstellung.

Die insgesamt 125 Kapitalerhöhungen werden aufbauend auf der Gliederung in acht Branchen auch auf die Anzahl der gewährten Bezugsrechte und der Möglichkeit, diese im Rahmen eines Bezugsrechtshandels zu veräußern, unterteilt. Hierbei ergeben sich folgende Zahlen bei der Zusammenfassung des gesamten Untersuchungszeitraums:

Branche	Anzahl KEH	Anzahl BR	Anzahl BRH
Finanzwesen	77	73	55
Gesundheitswesen	3	1	0
Grundindustrie	12	9	1
Industrie & Dienstleistungen	10	7	4
Konsumgüter	6	5	4
Technologie & Telekom	12	9	7
Verbraucherdienste	3	1	0
Versorger	2	2	2
Summe	**125**	**107**	**73**

Tabelle 6: Aufschlüsselung von KEH, BR, BRH nach Branchen[268]

In der vorliegenden Tabelle 6 wird klar ersichtlich, dass im Untersuchungszeitraum die meisten Kapitalerhöhungen in der Branche „Finanzwesen" mit 61,6% aller herangezogenen Kapitalerhöhungen erfolgten, wie bereits in Abbildung 5 zu sehen war. Die Branchen „Grundindustrie" und „Technologie & Telekom" machen den zweitgrößten Anteil aus, wobei diese beiden Branchen mit jeweils 12 Kapitalerhöhungen im Untersuchungszeitraum jeweils nur 9,6% der Unternehmen betragen.

---

[268] Quelle: eigene Darstellung.

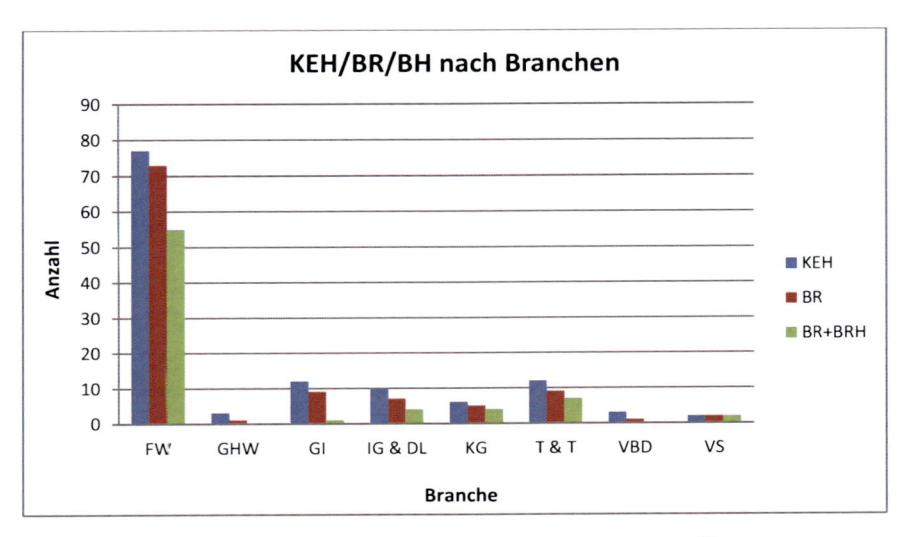

Abbildung 6: KEH gesamt, nur BR und BR mit BRH nach Branchen gegliedert[269]

In Abbildung 6 wird erkennbar, dass in allen acht angeführten Branchen Kapitalerhöhungen durchgeführt wurden, wobei diese noch nach Bezugsrecht ohne der Möglichkeit des Handels und Bezugsrecht mit Bezugsrechtshandel unterteilt den einzelnen Branchen zugeordnet werden. Hier konnte festgestellt werden, dass in allen Branchen nicht nur eine Kapitalerhöhung stattgefunden hat, sondern dass auch in jeder Erhöhungen mit Bezugsrecht und teilweise mit Bezugsrechtshandel erfolgten. Lediglich in der Branche „Versorger" wurden bei allen durchgeführten Kapitalerhöhungen ein Bezugsrecht und gleichzeitig ein Bezugsrechtshandel gewährt. Hierbei ist aber anzumerken, dass es sich mit nur zwei Klassifizierungen in dieser Branche sicherlich um eine zu geringe Stichprobe handelt, um daraus endgültige Schlüsse zu ziehen. Ähnliches gilt für die Branchen „Gesundheitswesen" und „Verbraucherdienste", da hier jeweils nur drei Kapitalerhöhungen zurechenbar sind. Dennoch sollte erwähnt werden, dass bei beiden Branchen bei den Kapitalerhöhungen jeweils nur bei einer auch ein Bezugsrecht – allerdings ohne Bezugsrechtshandel – gewährt wurde.

Nachdem in der Branche „Finanzwesen" mit insgesamt 77 eindeutig die meisten Kapitalerhöhungen, das sind 61,6% aller untersuchten Kapitalerhöhungen, im Untersuchungszeitraum durchgeführt wurden, soll diese noch näher betrachtet werden. Im Rahmen dieser 77

---

[269] Quelle: eigene Darstellung.

Erhöhungen wurden insgesamt 73, das sind 94,8%, mit Bezugsrecht abgewickelt; d.h. dass im Vergleich mit der gesamten Stichprobe in der Branche „Finanzwesen" um knapp zehn Prozentpunkte häufiger ein Bezugsrecht gewährt wurde. Ähnliches zeigt auch beim Bezugsrechtshandel, da den Altaktionären bei 75,3% der im „Finanzwesen" mit Bezugsrecht durchgeführten Kapitalerhöhungen ermöglicht wurde, während dies in der gesamten Stichprobe nur bei 68,2% aller 107 Kapitalerhöhungen mit Bezugsrecht der Fall war. Daraus kann geschlossen werden, dass die Unternehmen der Branche „Finanzwesen" anscheinend sehr darauf bedacht sind, ihre Altaktionäre zu schützen und sie auch vermehrt an sich binden möchten.

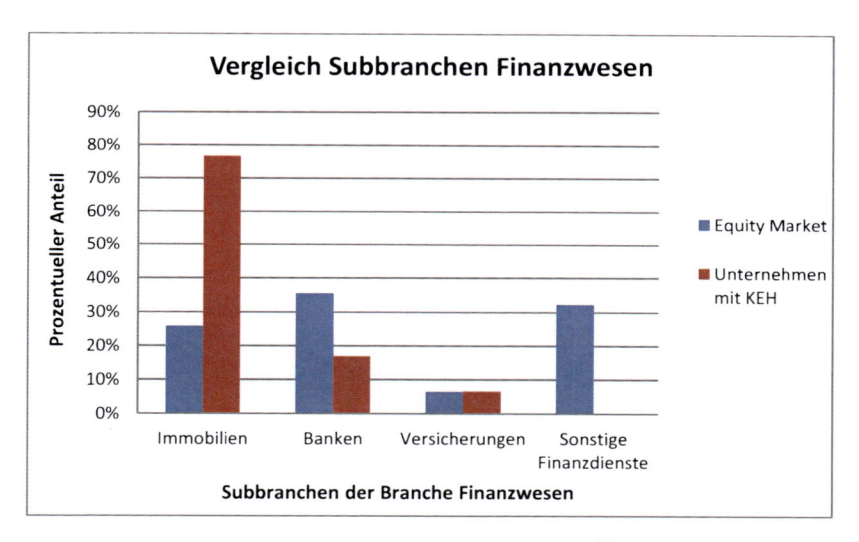

Abbildung 7: Vergleich der Subbranchen der Branche Finanzwesen[270]

Die Finanzbranche wurde anhand der Brancheneinteilung der Wiener Börse noch weiter in Subbranchen eingeteilt, nämlich in „Immobilien", „Banken", „Versicherungen" und „Sonstige Finanzdienste". Beim Vergleich der Verteilung dieser Subbranchen innerhalb der Branche am gesamten Aktienmarkt[271] mit den untersuchten Unternehmen, wie in Abbildung 7 veranschaulicht wird, ergeben sich wiederum interessante Erkenntnisse. Während bei den untersuchten Unternehmen der Branche „Finanzwesen" über 70% der Subbranche „Immobilien" zurechenbar sind, war dies am derzeitigen Equity Market nur

---

[270] Quelle: eigene Darstellung.
[271] Stand: Juli 2010.

bei rund 25% der Aktien der Fall. Dafür sind am Aktienmarkt die Subbranchen "Banken" und „Sonstige Finanzdienste" mit etwas über 30% fast gleich stark vertreten, wohingegen die „Banken" bei den untersuchten Unternehmen mit Kapitalerhöhungen nur zu rund 16% auftreten und hier die „Sonstige Finanzdienste" überhaupt nicht vorzufinden sind. Lediglich bei den „Versicherungen" gab es mit rund 6% ein sehr einheitliches Bild beim Vergleich des Equity Markets mit den untersuchten Unternehmen mit Kapitalerhöhungen.

6.2.10 Bedeutung des Bezugsverhältnisses

Wie bereits in Kapitel 3.6 erläutert wurde, stellt das Bezugsverhältnis das Verhältnis zwischen bisherigem Grundkapital und Erhöhungsbetrag dar. Neben der Aussage, um wie viel das ursprüngliche Grundkapital erhöht wird, informiert dieser Wert des Weiteren darüber, wie viele Altaktien ein Aktionär benötigt, um eine gewisse Menge an neuen Aktien erwerben zu können.[272] In diesem Zusammenhang wird in der Literatur angemerkt, dass es für Altaktionäre umso schwieriger wird, an einer Kapitalerhöhung teilzunehmen, je ungünstiger das Bezugsverhältnis ausfällt. Auch wenn die Autoren nicht konkret angeben, was diese unter einem ungünstigen Bezugsverhältnis verstehen, ist dennoch eindeutig erkennbar, dass eine Teilnahme an einer Kapitalerhöhung umso schwieriger wird, je mehr Altaktien man für den Erwerb einer neuen Aktie benötig. In diesem Zusammenhang bleibt den Aktionären nur die Möglichkeit, dass sie entweder zusätzliche Bezugsrechte hinzuerwerben oder dass sie ihre überflüssigen Rechte veräußern.[273]

Aufgrund dieser Aussagen werden im Rahmen dieser Untersuchung die Bezugsverhältnisse der untersuchten Unternehmen verglichen, indem zuerst ermittelt wird, wie viele Bezugsrechte für eine neue Aktie benötigt wurden, um eine gemeinsame Basis zu haben, da das Verhältnis nicht immer im Verhältnis X:1 angegeben wurde. Darauf aufbauend wird einerseits ein Jahresschnitt errechnet und es werden weiters jene Unternehmen herausgefiltert, die am meisten bzw. am wenigsten Altaktien für eine neue Aktie beanspruchten. Für diese Untersuchung werden jene Kapitalerhöhungen herangezogen, bei denen auch ein Bezugsrecht gewährt wurde, wobei vier davon ausgeschlossen werden müssen, da diese Erhöhungen mit der Ausgabe bzw. Einlösung von Genussscheinen verbunden waren. Eine genaue Aufstellung der einzelnen Kapitalerhöhungen und Bezugsverhältnisse befindet sich in der Tabelle 7 im Anhang.

---

[272] Vgl. Ketzler, 2005, 22f.
[273] Vgl. Röder/Dorfleitner, 2002, 474.

Bei der Analyse der benötigten Altaktien für eine junge Aktie wurde herausgefunden, dass im Jahr 2000 bei zwei Kapitalerhöhungen, nämlich jener der Oberbank St (25:1) und jener der BKS St (25:1), durchschnittlich das höchste Bezugsverhältnis mit 25 Altaktien für eine neue Aktie erzielt wurde.[274] Im Gegenzug dazu konnte im Jahr 2007 im Rahmen der Kapitalerhöhung der Raiffeisen International Bank-Holding AG das niedrigste Bezugsverhältnis (1:12) mit 0,083 Altaktien für eine neue Aktie gefunden werden. Auffallend war im Rahmen dieser Analyse auch die Kapitalerhöhung der EVN im Jahr 2001, da Altaktionäre 99 Aktien für den Erwerb 10 neuer Anteile benötigten. Auch wenn sich dadurch nur ein Wert von 9,9 Altaktien pro neuer Aktie ergibt und bei vier anderen Erhöhungen im selben Jahr ein höheres Verhältnis von 10 Stück pro neuer Aktien ergab, kann dennoch vermutet werden, dass aufgrund dieses Bezugsverhältnisses die Teilnahme an der Grundkapitalerhöhung für viele Altaktionäre erschwert wurde.

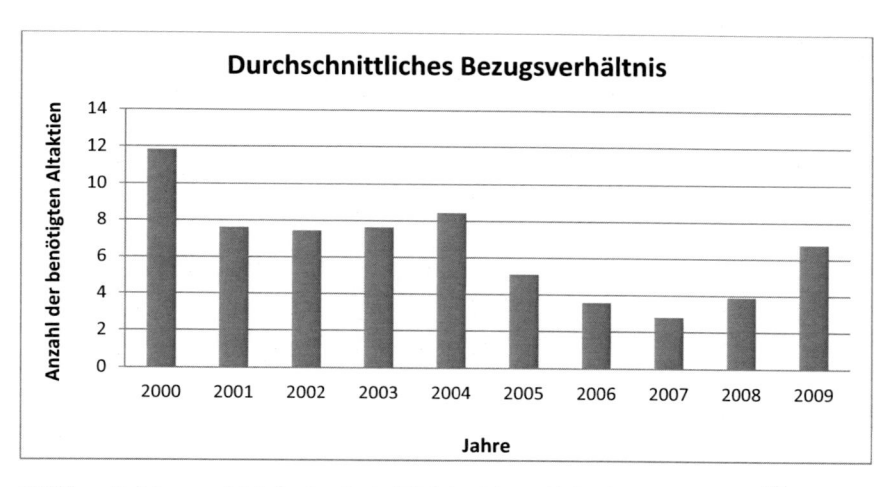

Abbildung 8: Jahresvergleich der durchschnittlich benötigten Aktien für eine neue Aktie[275]

Abbildung 8 veranschaulicht eine Entwicklung der im Jahresdurchschnitt benötigten Anzahl an Altaktien für eine neue Aktie. Im Jahr 2000 benötigte ein Altaktionär durchschnittlich 11,82 alte Aktien für das Recht, eine junge Aktie im Rahmen der Kapitalerhöhung zu erwerben, wobei dies im Jahresvergleich über den Untersuchungsraum das höchste Ergebnis darstellt. In den darauffolgenden drei Jahren sank diese Zahl auf rund sieben Aktien ab, um dann 2004 noch einmal etwas anzusteigen, bevor die Anzahl der benötigten

---

[274] Vgl. Tabelle 7 im Anhang.
[275] Quelle: eigene Darstellung.

Altaktien für eine neue Aktie weiter absank. Am wenigsten Aktien benötigte man schließlich 2007 mit durchschnittlich nur 2,8 Stück, woraufhin die Anzahl wieder anstieg und im Jahr 2009 einen Wert von 6,79 alte Aktien für eine junge erreicht wurde.

Sofern man diese Entwicklung mit den Ergebnissen aus Kapitel 6.2.3 vergleicht, wird ersichtlich, dass ab 2005 nicht nur die Anzahl an benötigten Altaktien für eine neue Aktie gesunken ist, sondern dass ab diesem Zeitpunkt auch die Gewährung eines Bezugsrechtshandels stark zurück ging. In den Jahren 2006 und 2007, in denen das Bezugsverhältnis den geringsten Wert hatte, wurde etwa in keiner der durchgeführten Kapitalerhöhungen mit Bezugsrecht ein Bezugsrechtshandel ermöglicht. Auch wenn hier kein direkter Zusammenhang zwischen diesen beiden Entwicklungen gegeben sein muss, ist dennoch ein Bezugsrechtshandel für Altaktionäre umso wichtiger, je mehr Altaktien diese für den Erwerb einer neuen Aktie benötigen. Ein Bezugsrechtshandel ermöglicht den Altaktionären dann, dass diese entweder die überschüssigen Rechte veräußern, oder weitere Rechte erwerben können, um Bruchteilsrechte zu vervollständigen und dadurch weitere neue Aktien zu erwerben.[276] Hierzu kann auch festgehalten werden, dass im Jahr 2000, in dem durchschnittlich das höchste Bezugsverhältnis eruiert wurde, auch bei allen durchgeführten Kapitalerhöhungen mit Bezugsrecht ein Bezugsrechtshandel stattfand.

---

[276] Vgl. Röder/Dorfleitner, 2002, 474.

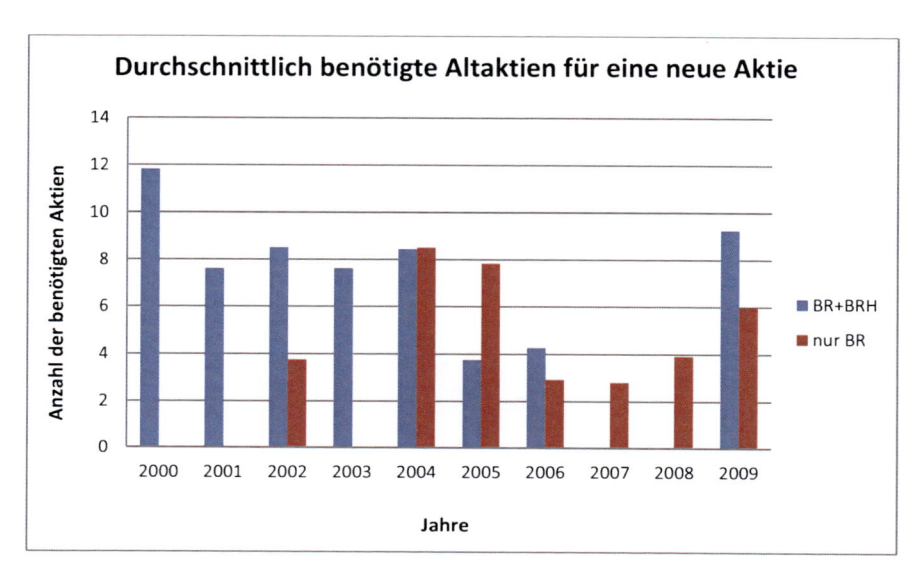

Abbildung 9: Jahresvergleich des Bezugsverhältnisses mit und ohne BRH[277]

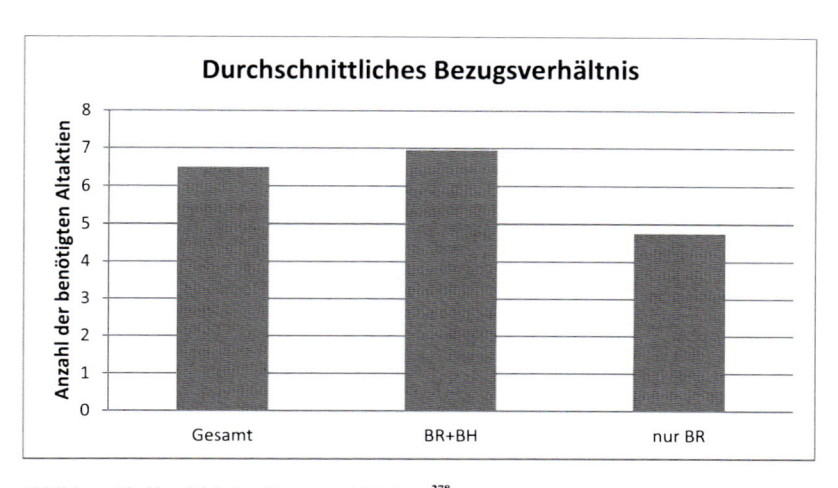

Abbildung 10: Vergleich des Bezugsverhältnisses[278]

Aufbauend auf diesen Erkenntnissen wird in Abbildung 9 das durchschnittliche Bezugsverhältnis je einer neuen Aktie, aufgeteilt nach gewährtem Bezugsrecht mit Bezugsrechtshandel und dem Bezugsrecht alleine – ohne der Möglichkeit eines Handels – über den

---

[277] Quelle: eigene Darstellung.
[278] Quelle: eigene Darstellung.

Untersuchungszeitraum verglichen. Die Aussagekraft der Abbildung 9 ist aber eher begrenzt, weil lediglich in vier Jahren des Untersuchungszeitraums sowohl ein Bezugsrecht mit als auch ohne Handel gegeben war. Des Weiteren ist das Bezugsverhältnis in den Jahren 2002 und 2009 mit einem Bezugsrechtshandel viel höher als bei jenen Kapitalerhöhungen dieser beiden Jahre, die keine Möglichkeit der Verwertung des Bezugsrechts bieten. In den Jahren 2004 und 2005 liegt trotzdem der Jahresdurchschnitt des Bezugsverhältnisses ohne den Handel über den Werten der Variante mit Bezugsrechtshandel. Jedoch ist im Jahr 2004 nur ein minimal höherer Wert gegeben, während im Jahr 2005 für eine neue Aktie durchschnittlich eine fast doppelt so hohe Anzahl an Altaktien benötigt wird, wenn kein Handel möglich ist, im Vergleich zur Anzahl bei Stattfinden eines Bezugsrechtshandels. Zusammenfassend kann festgestellt werden, dass man im Schnitt um ca. 2 Altaktien mehr benötigt, wenn ein Bezugsrechtshandel stattfindet, als ohne der Möglichkeit der Verwertung des Bezugsrechts, sofern man das Bezugsverhältnis über den gesamten Untersuchungszeitraum, wie in Abbildung 10 veranschaulicht wird, vergleicht.

6.2.11 Underpricing

Allgemein gibt es keine einheitliche Definition des Begriffs Underpricing, da dieser im Zusammenhang mit dem Aktienmarkt überall dort verwendet wird, wo Aktien unter ihrem Wert verkauft werden. Generell kann daher unter Underprcing die Differenz zwischen dem Emissionspreis und dem späteren Sekundärmarktpreis verstanden werden. Am häufigsten wird das Underpricing jedoch bei der Aktienausgabe im Rahmen eines IPOs untersucht und beschrieben.[279] Die Annahme, dass Aktien unter ihrem Wert ausgegeben werden, wird im Folgenden auf die Ausgabe junger Aktien bei einer Kapitalerhöhung übertragen, indem der Bezugskurs bezüglich des Underpricings näher untersucht wird.

---

[279] Vgl. Rummer, 2006, 155ff; Brealey/Myers/Allen, 2008, 419ff.

Vergleich: Bezugspreis und Erstnotizpreis

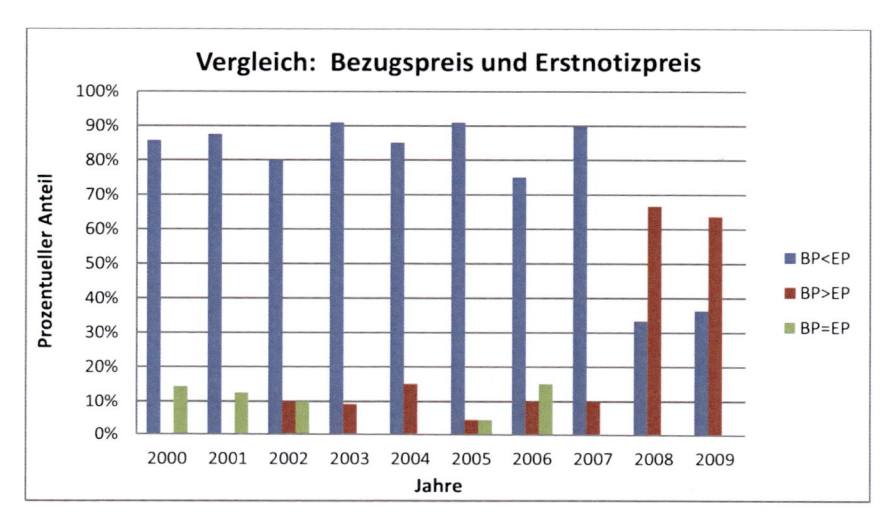

Abbildung 11: Vergleich des Bezugspreises mit dem Erstnotizpreis[280]

Wie in Abbildung 11 deutlich erkennbar wird, tritt das Phänomen des Underpricings auch bei der Ausgabe junger Aktien im Rahmen einer Kapitalerhöhung sehr deutlich auf[281], sodass die Ergebnisse bezüglich des Underpricings bei der Ausgabe junger Aktien bestätigt werden konnten. Bei insgesamt knapp 80% der untersuchten Erhöhungen wurde die Aktie zu einem geringeren Bezugspreis ausgegeben, als schließlich am Erstnotiztag der jungen Aktien erzielt werden konnte. Bei lediglich knapp 15% konnte ein Overpricing, das heißt ein Bezugspreis über dem ersten Preis erzielt werden, und bei nur 5% waren diese beiden Werte ident. In diesem Zusammenhang kann die Aussage von Brealey/Myers/Allen eindeutig bestätigt werden, dass auch bei der Ausgabe von jungen Aktien im Rahmen einer Kapitalerhöhung ein Underpricing vorliegt.[282]

Auffallend ist in der Abbildung 11, dass trotz der Tatsache, dass bei rund 80% der untersuchten Kapitalerhöhungen ein Underpricing stattgefunden hat, in den Jahren 2008 und 2009 das Overpricing dominierte. Hier trat in beiden Jahren ein Overpricing bei über 60% der untersuchten Kapitalerhöhungen auf. Im Gegenzug dazu war in den Jahren 2003 und 2005 das Underpricing mit jeweils knapp 91% am stärksten vertreten. Dies zeigt, dass auch

---

[280] Quelle: eigene Darstellung.
[281] Für eine genaue Aufstellung der Bezugspreise und Erstnotizpreise siehe Tabelle 14 im Anhang.
[282] Vgl. Brealey/Myers/Allen, 2008, 429.

im Rahmen dieser Untersuchung das Phänomen des Underpricings von jungen Aktien eindeutig bestätigt werden konnte.

7 Schlussbetrachtung und abschließende Beurteilung der Bedeutung des Bezugsrechts in Österreich

Das Bezugsrecht ist in Österreich ein mitgliedschaftliches Grundrecht der bestehenden Aktionäre sofern eine Kapitalerhöhung durchgeführt wird. Obwohl der Gesetzgeber dieses im Aktiengesetz zum Schutz der Aktionäre verankert hat, steht etwa der Vorstand diesem skeptisch gegenüber. Grund dafür ist, dass durch die Möglichkeit der Ausübung des Bezugsrechts zusätzliche Kosten entstehen und außerdem die Kapitalerhöhung nach Meinung des Vorstands unnötig hinausgezögert wird.[283] Zudem wird auch in der Literatur immer wieder darauf verwiesen, dass das Bezugsrecht ohnehin keinen so effizienten Verwässerungsschutz bietet, wie es für die bestehenden Aktionäre wünschenswert wäre.[284] Zudem wird es durch das Bezugsrecht potentiellen neuen Anteilseignern erschwert, sich an einer Kapitalerhöhung zu beteiligen und ebenfalls Aktionäre der betreffenden Aktiengesellschaft zu werden.

Die im Rahmen der vorliegenden Studie durchgeführte Untersuchung zeigt deutlich, dass im Untersuchungszeitraum von Jänner 2000 bis Dezember 2009 mit 85,6% der Kapitalerhöhungen der Großteil mit einem Bezugsrecht versehen war, sodass verstärkt darauf Bedacht genommen wurde, dass den Aktionären ihr Grundrecht auch gewährt wird. Im Gegenzug wurde aber die abnehmende Bedeutung des Bezugsrechtshandels festgestellt. Grund dafür könnte sicherlich der marginale monetäre Wert des Bezugsrechts, der im Rahmen dieser Untersuchung nachgewiesen wurde, sein.

Bei der Inanspruchnahme des Bezugsrechts zeigte sich andererseits ein sehr uneinheitliches Bild, wobei die für diese Analyse verfügbaren Angaben auch sehr unzureichend waren, da anzunehmen ist, dass bei den Daten der Ausübung der Bezugsrechte auch jene berücksichtigt wurden, die von neuen Aktionären im Rahmen des Bezugsrechtshandels erworben wurden. Allgemein muss berücksichtigt werden, dass das Bezugsrecht zwar eine Schutzmaßnahme für bestehende Aktionäre darstellen soll, dass durch dieses aber auch verstärkt Kosten für die Aktionäre – egal ob durch den Erwerb der neuen Aktien oder ob durch den Verkauf der Bezugsrechte – entstehen.[285]

---

[283] Vgl. Moßdorf, 2010, 449f; Brealey/Myers/Allen, 1996, 417ff.
[284] Vgl. Ketzler, 2005, 18f.
[285] Vgl. Lindmayer, 2009, 92f.

Obwohl im Rahmen dieser Untersuchung die Gebühren und Provisionen, die bei einem Aktienkauf oder -verkauf entstehen, vernachlässigt wurden, müssen diese dennoch in der abschließenden Bewertung der Bedeutung des Bezugsrechts mit einbezogen werden. Dies bedeutet einerseits, dass beim Verkauf der Bezugsrechte bereits ein Großteil des „Gewinns" durch Gebühren wesentlich geschmälert wird, sodass die Aktionäre – wenn überhaupt – nur eine sehr geringe monetäre Entschädigung für ihre Verwässerung erhalten.[286] Andererseits benötigen Aktionäre genügend liquide Mittel, um an einer Kapitalerhöhung teilzunehmen. Hier entstehen neben den Kosten für den Erwerb der neuen Aktien ebenfalls wieder diverse Gebühren. Daraus ergibt sich, dass vor allem für Kleinaktionäre derartig hohe Kosten entstehen, egal ob sie an der Kapitalerhöhung teilnehmen oder ihre Bezugsrechte verkaufen, dass hier das Bezugsrecht durchaus nicht als Schutzmaßnahme angesehen werden kann.[287] Anders sieht dies natürlich bei Großaktionären aus, die einerseits eine entsprechend hohe Beteiligung haben, dass sich ein Verkauf der Bezugsrechte lohnt und andererseits in der Regel über genügend liquide Mittel verfügen, um an der Kapitalerhöhung teilzunehmen.

Zusammenfassend kann also festgehalten werden, dass trotz der Tatsache, dass der Gesetzgeber einen sehr hohen Bedacht auf den Schutz der bestehenden Aktionäre legt, dem Bezugsrecht aus Sicht der Kleinaktionäre keine besonders große Bedeutung beigemessen werden kann. Anders sieht dies bei Großaktionären aus, die das Handeln der Gesellschaft wesentlich beeinflussen und ihre Stimmkraft natürlich nicht verlieren wollen.[288] Hier sei aber angemerkt, dass je nach Unternehmen unterschiedlich häufig eine Kapitalerhöhung durchgeführt wird, sodass anzunehmen ist, dass vor allem bei Aktiengesellschaften, die regelmäßig ihr Grundkapital erhöhen, das Interesse der Altaktionäre mit der Zeit zurückgehen wird. Diesbezüglich ist fraglich, ob man daher als Aktionär eher auf Aktien aus der Branche der Finanzwesen zurückgreifen soll, weil hier am häufigsten das Bezugsrecht und auch ein Bezugsrechtshandel gewährt wird oder ob man doch lieber auf Aktien von Branchen ausweichen soll, die weniger häufig ihr Kapital erhöhen und anderweitig Wege – ohne ständige Kapitalzufuhr von außen – finden, die Aktiengesellschaft gewinnbringend zu führen.

---

[286] Vgl. Moroglu, 2003, 87f; Lindmayer, 2009, 92f.
[287] Vgl. Moroglu, 2003, 87f; Ketzler, 2005, 31f.
[288] Vgl. Vogel, 2002, 83.

LITERATURVERZEICHNIS

Verwendete Bücher, Zeitschriften und Internetquellen:

Andenas, M./ Wooldridge, F., European Comparative Company Law, New York 2009.

Arnold, G., Corporate Financial Management, 4th Edition, Harlow Essex 2008.

Austria Börsenbrief, Palfinger solides Investment, in: Austria Börsenbrief/ Analysen Ausland, 05.06.2001.

Becker, F., § 222 Voraussetzungen, in: Heidelberger Kommentar zum Aktiengesetz, hrsg. von Bürgers, T./ Körber, T., Heidelberg/München/Landsberg/Berlin 2008, 1342-1351.

Becker, H. P., Investition und Finanzierung. Grundlagen der betrieblichen Finanzwirtschaft, 3. Auflage, Wiesbaden 2009.

Bieber, A., Aktienoptionspläne im Handels- und Steuerrecht, Marburg 2001.

Bitz, M., Finanzdienstleistungen, 7. Auflage, München 2005.

Boecken, W., BGB – Allgemeiner Teil, Stuttgart 2007.

Boemke, B./ Ulrici, B., BGB Allgemeiner Teil, Berlin 2009.

Bohn, A., Bewertung von Wandelanleihen. Eine Analyse unter Berücksichtigung von unsicheren Zinsen und Aktienkursen, Wiesbaden 2002.

Borns, R., Das österreichische Bankenrecht, in: Schulze-Delitzsch-Schriftreihe, 2. Auflage, Wien 2006.

Bösl, K., Praxis des Börsengangs. Ein Leitfaden für mittelständische Unternehmen, Wiesbaden 2004.

Bragg, S. M., The new CFO Financial Leadership Manual, 2nd Edition, New Jersey 2007.

Brealey, R. A./ Myers, S. C./ Allen, F., Principles of Corporate Finance, 9th Edition, New York 2008.

Brix, R., Die Hauptversammlung der Aktiengesellschaft, Wien 2009.

Brost, H./ Dahmen, A./ Lippmann, I., Corporate Banking. Zukunftsorientierte Strategien im Firmenkundengeschäft, 6., überarbeitete Auflage, Frankfurt am Main 2008.

Buchwald, C., Expertensysteme für das Steuermanagement in internationalen Konzernen, in: Management, Rechnungslegung und Unternehmensbesteuerung, hrsg. von Federmann, R./ Kleineidam, H.-J., Berlin 2007.

Bürgers, T./ Körber, T., Aktiengesetz, Heidelberg/ München/ Landsberg/ Berlin 2008.

Busse, F.J., Grundlagen der betrieblichen Finanzwirtschaft, 5. Auflage, München 2003.

Bydlinski, P., Siebzehntes Hauptstück. Von Verträgen und Rechtgeschäften überhaupt. §§ 859-937, in: ABGB. Allgemeines Bürgerliches Gesetzbuch. Kommentar, hrsg. von Koziol, H./ Bydlinski, P./ Bollenberger, R., Wien 2005, 702-918.

Bydlinski, S./ Potyka, M., AktRÄG 2009. Aktienrechts-Änderungsgesetz 2009, Wien 2009.

Bydlinski, S./ Potyka, M., Hauptversammlung, in: Kommentar zum Aktiengesetz, hrsg. von Jabornegg, P./ Strasser, R., 2. Band, 5. Auflage, Wien 2010, 323-499.

Chechile, R. A., The ABCs of IPOs. Investment Strategies and Tactics for New Issue Securities, Lincoln 2004.

Davis, Rod, What you need to know before you invest, 3rd Edition, New York 2003.

Deyerling, L., Aktien als Akquisitionswährung, in: Going Public. Der erfolgreiche Börsengang, hrsg. von Arlinghaus, O./ Balz, U., München 2001, 214-231.

Die Presse, Mehr Kapital für fruchtige Gewinne. Die Kapitalerhöhung der der [sic!] Agrana könnte noch heuer weitere Akquisitionen erlauben, in: Die Presse, 02.02.2005, 25.

Dietz, S., Aktienoptionsprogramme und Corporate Governance. Ausgestaltung vergütungshalber gewährter Stock Options und die Berichterstattung in der externen Rechnungslegung, in: Rechnungswesen und Unternehmensüberwachung, hrsg. von Böcking, H.-J./ Hommel, M., Frankfurt am Main 2004.

Dittrich, R./ Tades, H., ABGB. Das Allgemeine bürgerliche Gesetzbuch, 22. Auflage, Wien 2007.

Downes, J./ Goodman, J. E., Barron's finance and investment handbook, 6th Edition, New York 2003.

Drukarczyk, J., Finanzierung, 9. Auflage, Stuttgart 2003.

Dullinger, S., Bürgerliches Recht II: Schuldrecht. Allgemeiner Teil, 3. Auflage, Wien 2008.

Dutzi, A., Der Aufsichtsrat als Instrument der Corporate Governance, in: Rechnungswesen und Unternehmensüberwachung, hrsg. von Böcking, H.-J./ Hommel, M., Wiesbaden 2005.

Eder, R., CA hatte großen Appetit auf CyberTron, in: Wiener Zeitung, 08.08.2000, 17.

Escher-Weingart, C., Reform durch Deregulierung im Kapitalgesellschaftsrecht, in: Jus Privatum 49, Tübingen 2001.

Finkler, St. A./ Ward, D. M., Accounting Fundamentals for Health Care Management, Massachusetts 2006.

Fischer, E. O., Finanzwirtschaft für Anfänger, 4. Auflage, München 2005.

Floßmann, U., Österreichische Privatrechtsgeschichte, 6. Auflage, Wien 2008.

Frodermann, J./ Becker, S., Kapitalmaßnahmen, in: Handbuch des Aktienrechts, hrsg. von Henn, G./ Frodermann, J./ Jannott, D., 8. Auflage, Heidelberg 2009, 169-262.

Fugger, H., Handbuch der erfolgreichen Aktienanlage, München 2000.

Geist, R., § 7 Mindestnennbetrag des Grundkapitals, in: Kommentar zum Aktiengesetz, hrsg. von Jabornegg, P./ Strasser, R., 4. Auflage, Wien 2006a, 101-103.

Geist, R., § 8 Art und Mindestbeträge der Aktien, in: Kommentar zum Aktiengesetz, hrsg. von Jabornegg, P./ Strasser, R., 4. Auflage, Wien 2006b, 103-113.

Geist, R., § 9 Ausgabe der Aktien, in: Kommentar zum Aktiengesetz, hrsg. von Jabornegg, P./ Strasser, R., 4. Auflage, Wien 2006c, 113-120.

Geist, R., § 10 Inhaber- und Namensaktien. Zwischenscheine, in: Kommentar zum Aktiengesetz, hrsg. von Jabornegg, P./ Strasser, R., 4. Auflage, Wien 2006d, 121-135.

Gerner-Beuerle, C., Die Haftung von Emissionskonsortien, in: Schriften zum europäischen und internationalen Privat-, Bank- und Wirtschaftsrecht, Band 27, Berlin 2009.

Götte, R., Aktien, Anleihen, Futures, Optionen, Marburg 2001.

Grohmann, U., Das Informationsmodell im Europäischen Gesellschaftsrecht, in: Schriften zum europäischen und internationalen Privat-, Bank- und Wirtschaftsrecht, Band 17, Berlin 2006.

Groot, M., Managing Financial Information. In the Trade Lifecycle, San Diego/London 2008.

Grunewald, B., Gesellschaftsrecht, 6. Auflage, Tübingen 2005.

Guerard, J. B./ Schwartz, E., Quantitative Corporate Finance, New York 2007.

Habersack, M., Die Mitgliedschaft – subjektives und ‚sonstiges' Recht, Tübingen 1996.

Harrer, H./ Vaupel, C. F., Erstellung der erforderlichen Dokumente, in: Praxishandbuch Börsengang. Von der Vorbereitung bis zur Umsetzung, hrsg. von Deutsche Börse AG, Wiesbaden 2006, 147-174.

Heidinger, M./ Schneider, A., AktG. Aktiengesetz, Band 69, Wien 2007.

Heinsius, M./ Kremp, P. R., Stock Options, in: Key Aspects of German Employment and Labour Law, hrsg. von Kirchner, J./ Kremp, P. R./ Magotsch, M., Heidelberg 2010, 271-289.

Helfert, E. A., Financial Analysis. Tools and Techniques, New York 2001.

Henssler, M./ Wiedemann, H., Die Aktienkapitalgesellschaft im System des deutschen Gesellschaftsrechts, in: Aktienrecht im Wandel. Band 2. Grundfragen des Aktienrechts, hrsg. von Bayer, W./ Habersack, M., Tübingen 2007, 1-30.

Hentze, J./ Heinecke, A./ Kammel, A., Allgemeine Betriebswirtschaftslehre, Bern/ Stuttgart/ Wien 2001.

Hierl, S./ Huber, S., Rechtsformen und Rechtsformwahl. Recht, Steuern und Beratung, Wiesbaden 2008.

Hilb, M., Integrierte Corporate Governance. Ein neues Konzept der wirksamen Unternehmens-Führung und –Aufsicht, 3. Auflage, Berlin Heidelberg 2005.

Hirte, H., Kapitalschutz (Gläubiger- und Eignerschutz) im Europäischen Recht, in: Systembildung und Systemlücken in Kerngebieten des Europäischen Privatrechts, hrsg. von Grundmann, S., Tübingen 2000, 211-234.

Huchzermeier, M., Investor Relations beim Börsengang. Konzept für mittelständische Unternehmen, Wiesbaden 2006.

Hüffer, U., Der Vorstand als Leitungsorgan und die Mandats- sowie Haftungsbeziehungen seiner Mitglieder, in: Aktienrecht im Wandel. Band 2. Grundfragen des Aktienrechts, hrsg. von Bayer, W./ Habersack, M., Tübingen 2007, 334-388.

Hungenberg, H., Anreizsysteme für Führungskräfte- Theoretische Grundlagen und praktische Ausgestaltungsmöglichkeiten, in: Strategische Unternehmensplanung – Strategische Unternehmensführung. Stand und Entwicklungstendenzen, hrsg. von Hahn, D./ Taylor, B., 9., überarbeitete Auflage, Berlin Heidelberg 2006, 353-364.

Hungenberg, H., Strategisches Management in Unternehmen. Ziele – Prozesse – Verfahren, 3. Auflage, Wiesbaden 2004.

Iro, G./ Koziol, H., Allgemeine Bedingungen für Bankgeschäfte. Kommentar, in: Bankwissenschaftliche Schriftenreihe, Band 91, Wien 2001.

Jabornegg, P., § 17 Inhalt der Satzung, in: Kommentar zum Aktiengesetz, hrsg. von Jabornegg, P./ Strasser, R., 4. Auflage, Wien 2006a, 184-196.

Jabornegg, P., § 18 Veröffentlichung der Gesellschaft, in: Kommentar zum Aktiengesetz, hrsg. von Jabornegg, P./ Strasser, R., 4. Auflage, Wien 2006b, 196-198.

Jacobs, C. H., Das Gleichbehandlungsprinzip im Aktienrecht, Zürich 1994.

Jula, R., Der GmbH-Gesellschafter, 3. Auflage, Berlin/Heidelberg 2009.

Jung, H., Allgemeine Betriebswirtschaftslehre, 10. Auflage, München 2006.

Kalss, S./ Wessely, K., Die Rechte des Aktionärs, Wien 1994.

Karollus, M., UN-Kaufrecht. Eine systematische Darstellung für Studium und Praxis, Wien 1991.

Ketzler, R., Bewertung von Bezugsrechten auf Convertible Securities. Eine theoretische und empirische Analyse, Wiesbaden 2005.

Köbler, G., Ex lege, in: Deutsches Rechts-Lexikon. Band 1. A-F, hrsg. von Tilch, H., 2. Auflage, München 1992, 1362.

Koch-Sembdner, R., Das Rückrufsrecht des Urhebers bei Unternehmensveräußerungen, Göttingen 2004.

Körber, T., § 179 Beschluss der Hauptversammlung, in: Heidelberger Kommentar zum Aktiengesetz, hrsg. von Bürgers, T./ Körber, T., Heidelberg/München/Landsberg/Berlin 2008, 1067-1086.

Korndörfer, W., Allgemeine Betriebswirtschaftslehre. Aufbau- Ablauf- Führung- Leitung, 13., überarbeitete Auflage, Wiesbaden 2003.

Kuhlmann, J./ Ahnis, E., Konzern- und Umwandlungsrecht, 2. Auflage, Heidelberg/München/Landsberg/Berlin 2007.

Lechner, K./ Egger, A./ Schauer, R., Einführung in die Allgemeine Betriebswirtschaftslehre, 23. Auflage, Wien 2006.

LG Frankfurt/M., Kapitalherabsetzung und Kapitalerhöhung mit Bezugsrechtsausschluss bei einer sanierungsbedürftigen AG: Anforderungen an den Bericht des Vorstands bei Übernahme sämtlicher neuer Aktien durch den Großaktionär, in: Der Betrieb, H. 47, 21.11.2003, 2541 – 2542.

Linder, H. G./ Tietz, V., Das große Börsenlexikon. Kompaktes Börsenwissen von A bis Z, München 2008.

Lindmayer, K. H., Geldanlage und Steuer 2009, Wiesbaden 2009.

Lotze, C., Die insiderrechtliche Beurteilung von Aktienoptionsplänen, München 2000.

Marsch-Barner, R., § 186 Bezugsrecht, in: Heidelberger Kommentar zum Aktiengesetz, hrsg. von Bürgers, T./ Körber, T., Heidelberg/München/Landsberg/Berlin 2008, 1143-1163.

Martinius, P., M & A: Protecting the Purchaser, Den Haag 2005.

Michalky, M./ Schittler, R., Das große Buch der Börse. Investieren für jedermann. Fundamentale Analyse für jedermann. Technische Analyse für jedermann. Derivate für jedermann. Trading für jedermann, München 2008.

Moroglu, E. S., Bezugsrechtsausschluss im Spannungsfeld zwischen unternehmerischen Ermessen und Aktionärsschutz bei der Publikumsaktiengesellschaft. Eine rechtsvergleichende Untersuchung, Münster 2003.

Moßdorf, B., Spezielles Gesellschaftsrecht für börsennotierte Aktiengesellschaften in den EG-Mitgliedstaaten, in: Schriften zum europäischen und internationalen Privat-, Bank- und Wirtschaftsrecht, Band 34, Berlin 2010.

Muche, S., Corporate Citizenship und Korruption. Ein systematisches Konzept von Unternehmensverantwortung, Wiesbaden 2008.

NA Presseportal, EANS-Adhoc: UNIQA Versicherungen AG. Kapitalerhöhung erfolgreich, platziert, 12.12.2009,

http://www.presseportal.ch/de/pm/100004114/100595344/uniqa_versicherungen_ag?search=UNIQA%2CVersicherungen%2CAG, [Abfrage: 11.07.2009].

NA Presseportal, euro adhoc: KTM Power Sports AG. Kapitalerhöhung/Restrukturierung / KTM hat Kapitalerhöhung erfolgreich abgeschlossen!, 27.02.2009,

http://www.presseportal.ch/de/pm/100009078/100578513/ktm_power_sports_ag?search=KTM%2CPower%2CSports%2CAG [Abfrage: 11.07.2010].

NA Presseportal, euro adhoc: UNIQA Versicherungen AG / Kapitalmaßnahmen / UNIQA Kapitalerhöhung erfolgreich platziert, 14.11.2008,

http://www.presseportal.ch/de/pm/100004114/100573513/uniqa_versicherungen_ag, [Abfrage: 11.07.2010].

Nadvornik, W., Shareholder Value – die Magie betriebswirtschaftlicher Entscheidungsfindung durch Finanz-Kennzahlen, in: Geld und Gesellschaft. Interdisziplinäre Perspektiven, hrsg. von Kellermann, P., 2. Auflage, Wiesbaden 2006, 189-200.

Nagele, N./ Lux, D., Satzungsänderung, in: Kommentar zum Aktiengesetz, hrsg. von Jabornegg, P./ Strasser, R., 2. Band, 5. Auflage, Wien 2010a, 500-522.

Nagele, N./ Lux, D., Kapitalerhöhung, in: Kommentar zum Aktiengesetz, hrsg. von Jabornegg, P./ Strasser, R., 2. Band, 5. Auflage, Wien 2010b, 523-581.

Nagele, N./ Lux, D., Bedingte Kapitalerhöhung, in: Kommentar zum Aktiengesetz, hrsg. von Jabornegg, P./ Strasser, R., 2. Band, 5. Auflage, Wien 2010c, 582-615.

Nagele, N./ Lux, D., Genehmigtes Kapitalerhöhung, in: Kommentar zum Aktiengesetz, hrsg. von Jabornegg, P./ Strasser, R., 2. Band, 5. Auflage, Wien 2010d, 616-635.

Nagele, N./ Lux, D., § 174 Wandelschuldverschreibungen. Gewinnschuldverschreibungen, in: Kommentar zum Aktiengesetz, hrsg. von Jabornegg, P./ Strasser, R., 2. Band, 5. Auflage, Wien 2010e, 651-671.

Neu, M., Gesellschaftsrecht schnell erfasst, Heidelberg 2004.

Neubauer, F./ Lank, A. G., The Family Business. Its Governance for Sustainability, London 1998.

Nordhues, P., Share for Share – Transaktionen – Wege aus der Kreditklemme?, in: M&A Review, 12/2009, 543.

Pernsteiner, H., Dividendenpolitik, in: Handbuch Finanzmanagement in der Praxis, hrsg. von Guserl, R./ Pernsteiner, H., Wiesbaden 2004, 869-890.

Perridon, L./ Steiner, M./ Rathgeber, A. W., Finanzwirtschaft der Unternehmung, 15. Auflage, München 2009.

Peters, S./ Brühl, R./ Stelling, J. N., Betriebswirtschaftslehre: Einführung, 12. Auflage, München 2005.

Picot, G., The Implementation of Mergers and Acquistions under Business Law Aspects: the Formation of the Transaction Agreement, in: Handbook of International Mergers and Acquisitions, hrsg. von Picot, G., New York 2002.

Pölert, A, Aktionärsorientierte Unternehmensführung. Optionen zur strategischen Positionierung börsennotierter Konzerne im Wettbewerb um Eigenkapital, in: Schriften zur Unternehmensentwicklung, hrsg. von Ringlstetter, M. J., Wiesbaden 2007.

Prätsch, J./ Schikorra, U./ Ludwig, E., Finanzmanagement, 3. Auflage, Berlin Heidelberg 2007.

Prokot, A., Strategische Ausschüttungspolitik deutscher Aktiengesellschaften. Dividendenstrategien im Kapitalmarktkontext, Wiesbaden 2006.

Plück, R./ Kühn, P./ Schmutzler, K. J., Kapitalmarktrecht. Gesetzliche Regelungen und Haftungsrisiken für Finanzdienstleister, 2. Auflage, Wiesbaden 2003.

Raguss, G., Der Vorstand einer Aktiengesellschaft. Vertrag und Haftung von Vorstandsmitgliedern, 2. Auflage, Heidelberg 2009.

Rammert, S., Der vereinfachte Bezugsrechtsausschluß - eine ökonomische Analyse, in: zfbf 1998, 703-724.

Rappaport, A., Shareholder Value. Ein Handbuch für Manager und Investoren, 2. Auflage, Stuttgart 1999.

Reger, G., § 175 Einberufung, in: Heidelberger Kommentar zum Aktiengesetz, hrsg. von Bürgers, T./ Körber, T., Heidelberg/München/Landsberg/Berlin 2008, 1055-1061.

Reger, G., Kapitalherabsetzung und –erhöhung – Maßnahmen zur Sanierung des Eigenkapitals, in: Handbuch Unternehmensrestrukturierung, hrsg. von Hommel, Ulrich/ Knecht, T. C./ Wohlenberg, H., Wiesbaden 2006, 807-840.

Reimann, M./ Zekoll, J., Introduction to German Law, Den Haag 2005.

Röder, K./ Dorfleitner, G., Der Optionscharakter von Bezugsrechten, in: zfbf 54, August 2002, 460-477.

Roth, G. H., Aktionärsvereinigungen, in: Deutsches Rechts-Lexikon. Band 1. A-F, hrsg. von Tilch, H., 2. Auflage, München 1992a, 104-105.

Roth, G. H., Bezugsrecht, in: Deutsches Rechts-Lexikon. Band 1. A-F, hrsg. von Tilch, H., 2. Auflage, München 1992b, 752-753.

Roth, G. H., Kapitalgesellschaft, in: Deutsches Rechts-Lexikon. Band 2. G-Q, hrsg. von Tilch, H., 2. Auflage, München 1992c, 617.

Rudolph, Bernd, Unternehmensfinanzierung und Kapitalmarkt, Tübingen 2006.

Rummer, M., Going Public in Deutschland. Eine empirische Analyse von Börsengängen auf Grundlage der Behavioral Finance, Wiesbaden 2006.

Schade, F., Wirtschaftsprivatrecht. Grundlagen des Bürgerlichen Rechts sowie des Handels- und Wirtschaftsrechts, 2.Auflage, Stuttgart 2009.

Schäfer, H., Unternehmensfinanzen. Grundzüge in Theorie und Management, 2. Auflage, Heidelberg 2002.

Schierenbeck, H., Grundzüge der Betriebswirtschaftslehre, 16. Auflage, München 2003.

Schindler, C., Das Lexikon der privaten Finanzplanung, Norderstedt 2008.

Schinzler, V., Die teileingezahlte Namensaktie als Finanzierungsinstrument der Versicherungswirtschaft, Karlsruhe 1999.

Schlitt, M./ Seiler, O., Aktuelle Rechtsfragen bei Bezugsrechtsemissionen, in: WM 2003, 2175-2184.

Schnobrich, S./ Barz, M., Die Business AG- Aktiengesellschaft für den Mittelstand. Ein Praxisleitfaden zur kleinen AG, Wiesbaden 2001.

Schulz, A., Aktienkursorientierte Vergütungssysteme für Führungskräfte, in: Schriften zur Wirtschaftsprüfung, Steuerlehre und Controlling, hrsg. von Freidank, C.-C., Wiesbaden 2010.

Schulz, S., Kollektive Entscheidungen in der Aktiengesellschaft. Eine sozialwahltheoretische Analyse ausgewählter Probleme des Aktienrechts, in: Ökonomische Analyse des Rechts, hrsg. von Behrens, P. et. al., Wiesbaden 2005.

Schuster, M., Feindliche Übernahmen deutscher Aktiengesellschaften- Abwehrstrategien des Vorstandes der Zielgesellschaft, in: Juristische Reihe TENEA, Band 53, Berlin 2003.

Schwanfelder, W., Ohne Aktien geht es nicht!, 6. Auflage, Frankfurt/Main 2007.

Seppelfricke, P., Handbuch Aktien- und Unternehmensbewertung. Bewertungsverfahren, Unternehmensanalyse, Erfolgsprognose, 2. Auflage, Stuttgart 2005.

Shim, J. K./ Siegel, J. G., Financial Management, 3rd Edition, New York 2008.

Siems, M. M., Die Konvergenz der Rechtssysteme im Recht der Aktionäre, Tübingen 2005.

Skrzipek, M., Shareholder Value versus Stakeholder Value. Ein Vergleich des US-amerikanischen Raums mit Österreich, Wiesbaden 2005.

Spinella, J., The Chestnut and Cedar Stock Report, Waldwick 2004.

Steiner, P./ Uhlir, H., Wertpapieranalyse, 4. Auflage, Heidelberg, 2001.

Stickney, C. P. et.al., Financial Accounting, Mason Ohio 2010.

Stiglbauer, M., Corporate Governance Berichterstattung und Unternehmenserfolg, Wiesbaden 2010.

Strasser, R., Vorstand, in: Kommentar zum Aktiengesetz, hrsg. von Jabornegg, P./ Strasser, R., 2. Band, 5. Auflage, Wien 2010a, 9-186.

Strasser, R., Anfechtbarkeit, in: Kommentar zum Aktiengesetz, hrsg. von Jabornegg, P./ Strasser, R., 2. Band, 5. Auflage, Wien 2010b, 726-760.

Strasser, R., Nichtigkeit, in: Kommentar zum Aktiengesetz, hrsg. von Jabornegg, P./ Strasser, R., 2. Band, 5. Auflage, Wien 2010c, 761-777.

Szep, C., Verschmelzung durch Aufnahme, in: Kommentar zum Aktiengesetz, hrsg. von Jabornegg, P./ Strasser, R., 2. Band, 5. Auflage, Wien 2010, 882-1017.

Tades, H. et. al., Das Allgemeine Bürgerliche Gesetzbuch, I. Band, 37. Auflage, Wien 2009.

Töpfer, A., Betriebswirtschaftslehre. Anwendungs- und prozessorientierte Grundlagen, 2. Auflage, Heidelberg 2007.

Ulmer, P., Aktienrecht und ritterliche Rechtsfortbildung, in: Aktienrecht im Wandel. Band 2. Grundfragen des Aktienrechts, hrsg. von Bayer, W./ Habersack, M., Tübingen 2007, 113-149.

Verse, Dirk A., Der Gleichbehandlungsgrundsatz im Recht der Kapitalgesellschaften, Tübingen 2006.

Vogel, D., M & A – Ideal und Wirklichkeit, Wiesbaden 2002.

Volkart, R., Corporate Finance. Grundlagen von Finanzierung und Investition, 4. Auflage, Zürich 2008.

Von Oppen, M., Der kurze Weg zum Eigenkapital, in: Die Bank, H. 07/2009, 12-15.

Weber, S., Aktienoptionen nach dem österreichischen Aktienoptionengesetz, in: WM 2002, 367-373.

Weber, S., Vertrags- und verbandsrechtliche Gestaltung von Stock Options nach dem Aktienoptionengesetz, in: SWK-Sonderheft Stock Options, hrsg. von Trenkwalder, V./ Tumpel, M., Wien 2001, 16-30.

Wellner, K.-U., Shareholder-Value und seine Weiterentwicklung zum Market Adapted Shareholder Value Approach. Entwicklungslinien, Probleme und Lösungsansätze einer Shareholder-Value orientierten Unternehmensführung, Marburg 2001.

Wellner, M., Das Bezugsrecht und der Bezugsrechtsausschluss bei der Aktiengesellschaft, in: Reihe A: Rechtswissenschaften 27, Johannes Kepler Universität, Linz 2004.

Westermann, H. P., § 53a Gleichbehandlung der Aktionäre, in: Heidelberger Kommentar zum Aktiengesetz, hrsg. von Bürgers, T./ Körber, T., Heidelberg/München/Landsberg/Berlin 2008, 295-306.

Westermann, H. P., Kapitalerhöhung, in: Deutsches Rechts-Lexikon. Band 2. G-Q, hrsg. von Tilch, H., 2. Auflage, München 1992, 614-615.

Wienecke, L., § 71 Erwerb eigener Aktien, in: Heidelberger Kommentar zum Aktiengesetz, hrsg. von Bürgers, T./ Körber, T., Heidelberg/München/Landsberg/Berlin 2008a, 442-459.

Wieneke, L., § 69 Rechtsgemeinschaft an einer Aktie, in: Heidelberger Kommentar zum Aktiengesetz, hrsg. von Bürgers, T./ Körber, T., Heidelberg/München/Landsberg/Berlin 2008b, 437-440.

Wiener Börse AG, Das Unternehmen der Wiener Börse AG,

http://www.wienerborse.at/about/unternehmen/index.html, [Abfrage 12.06.2010].

Wiener Börse AG, Equity Market.AT, http://www.wienerborse.at/marketplace_products/segmentation/equitymarket/index.html, [Abfrage 13.07.2010].

Wiener Börse AG, Equity Market.AT, http://www.wienerborse.at/stocks/atx/, [Abfrage 13.07.2010].

Wilhelm, J., Kapitalgesellschaftsrecht, 3. Auflage, Berlin 2009.

Wilke, P./ Voß, E., Beteiligung in Großunternehmen, in: Mitarbeiterbeteiligung in deutschen Unternehmen. Auswirkung auf Unternehmensorganisation und Arbeitsgestaltung, hrsg. von Voß, E./ Wilke, P., Wiesbaden 2003, 43-70.

WirtschaftsBlatt, Böhler: Fries darf neue Aktien haben, in: Wirtschaftsblatt, 07.05.2005, Nr. 2360, S. 5.

Wohlenberg, H./ Altenkirch, G. F., Eigentümerwechsel in der Sanierung, in: Handbuch Unternehmensrestrukturierung, hrsg. von Hommel, U./ Knecht, T. C./ Wohlenberg, H., Wiesbaden 2006, 486- 510.

Zech, A., Verhaltenspflichten des Vorstands der Zielgesellschaft in Bezug auf Abwehrmaßnahmen nach dem Wertpapiererwerbs- und Übernahmegesetz (WpÜG), Münster 2003.

Zöllner, W., Beschlussfassung und Beschlussmängel, in: Aktienrecht im Wandel. Band 2. Grundfragen des Aktienrechts, hrsg. von Bayer, W./ Habersack, M., Tübingen 2007, 462-509.

Verwendete Rechtsquellen (RIS):

Folgende in dem vorliegenden Buch verwendete österreichische Gesetzestexte wurden dem Rechtsinformationssystem des Bundeskanzleramtes (http://ris.bka.gv.at mit Datum 15.08.2010) in den jeweils aktuellsten Fassungen entnommen:

Allgemeine Bedingungen für Bankgeschäfte (ABB), Fassung 2000.

Allgemeines Bürgerliches Gesetzbuch (ABGB), zuletzt geändert durch BGBl. I Nr. 58/2010.

Aktiengesetz (AktG), zuletzt geändert durch BGBl. I Nr. 58/2010.

Börsengesetz (BörseG), zuletzt geändert durch BGBl. I Nr. 58/2010.

Bankwesengesetz (BWG), zuletzt geändert durch BGBl. I Nr. 58/2010.

Unternehmensgesetzbuch (UGB), zuletzt geändert durch BGBl. I Nr. 58/2010.

Verwendete Unternehmensinformationen

AGRANA Beteiligungs-AG	http://www.agrana.at
Allgemeine Baugesellschaft - A. Porr AG	http://www.porr.at Geschäftsbericht 2009 Jahresfinanzbericht 2009
ATB Austria Antriebstechnik AG	http://www.atb-motors.com/ Geschäftsbericht 2009 Jahresfinanzbericht 2009
Austrian Airlines AG	http://www.austrianairlines.ag/ Geschäftsbericht 2006 Geschäftsbericht 2008
Bank Austria Wohnbau	Geschäftsbericht 2000 Geschäftsbericht 2001
BENE AG	http://bene.com/ Geschäftsbericht 2006 – 2007

bwin Interactive Entertainment AG	früher: BETandWIN.com Interactive Entertainment AG Annual Report 2006
BKS Bank AG (Bank für Kärnten und Steiermark)	http://www.bks.at Finanzbericht 2009 Geschäftsbericht 2009
BÖHLER-UDDEHOLM AG	(Übernahme durch die voestalpine AG im Jahr 2007) http://www.bohler-uddeholm.com
BRAIN FORCE HOLDING AG	http://www.brainforce.at/ Geschäftsbericht 2004 Geschäftsbericht 2006
BTV (Bank für Tirol und Vorarlberg)	http://www.btv.at/
CA Immo International AG	Teil der CA Immo Gruppe und Tochtergesellschaft der CA Immobilien Anlagen AG http://www.caimmointernational.com/
CA Immobilien Anlagen AG	http://www.caimmoag.com/ Jahresbericht 2004 Jahresbericht 2005 Geschäftsbericht 2006 Geschäftsbericht 2007
CLC AG	http://www.clc.at/
conwert Immobilien Invest AG	http://www.conwert.at/web/at/view.php Geschäftsbericht 2003 Geschäftsbericht 2004 Geschäftsbericht 2005 Geschäftsbericht 2006 Geschäftsbericht 2007
CROSS Holding AG	KTM Power Sports AG seit der Verschmelzung mit KTM-Sportmotorcycles 2005 (siehe unten)
DO & CO Restaurants & Catering Aktiengesellschaft	http://www.doco.com/ Lagebericht 2007-2008
ECO Business- Immobilien AG	http://www.eco-immo.at/ Geschäftsbericht 2005 Geschäftsbericht 2006 Geschäftsbericht 2007

Erste Bank der oesterr. Sparkassen AG	*http://www.erstegroup.com/* Geschäftsbericht 2000 Geschäftsbericht 2002 Geschäftsbericht 2006 Geschäftsbericht 2009 Jahresfinanzbericht 2009
EVN AG	*http://www.evn.at/* Geschäftsbericht 2001 Geschäftsbericht 2004
Frauenthal Holding AG	*http://www.frauenthal.at/* Geschäftsbericht 2005
Generali Holding	*http://holding.generali.at/*
HTI High Tech Industries AG	*http://www.hti-ag.at/* Geschäftsbericht 2008 Jahresfinanzbericht 2008 Geschäftsbericht 2009 Jahresfinanzbericht 2009
HTP High Tech Plastics AG	*http://www.hti-ag.at* Geschäftsbericht 2006
Immoeast AG/ Immoeast Immobilien Anlagen AG Immofinanz/Immofinanzimobilien	Tochterunternehmen der Immofinanz AG Immofinanz Group: *http://www.immofinanz.com/* Geschäftsbericht 2002-2003 Geschäftsbericht 2003-2004 Geschäftsbericht 2004-2005 (IE + IF) Geschäftsbericht 2005-2006 (IE + IF) Geschäftsbericht 2006-2007 (IE + IF) Geschäftsbericht 2007-2008 (IE) Jahresfinanzbericht 2007-2008 (IE)
Intercell AG	*http://www.intercell.com/* Geschäftsbericht 2005 Geschäftsbericht 2006 Geschäftsbericht 2009
Josef Manner & Comp AG	*http://www.manner.com/* Geschäftsbericht 2003 Geschäftsbericht 2004
JoWood Productions Software AG	*http://www.jowood.at/* Geschäftsbericht 2002 Geschäftsbericht 2003 Geschäftsbericht 2004 Geschäftsbericht 2006

KTM Power Sports AG	http://www.ktm.com/
Oberbank AG	http://www.oberbank.at/ Geschäftsbericht 2009 Jahresfinanzbericht 2009
OMV AG	http://www.omv.at/ Geschäftsbericht 2004
Palfinger	http://www.palfinger.com/ Annual Report
Raiffeisen International Bank-Holding AG	http://www.ri.co.at/ Geschäftsbericht 2005 Konzernbericht 2005 Geschäftsbericht 2007 Konzernbericht 2007
SCHOELLER-BLECKMANN Oilfield Equipment AG	https://info.sbo.at/
Sparkassen Immobilien AG	http://www.sparkassenimmobilienag.at/ Geschäftsbericht 2002 Geschäftsbericht 2003 Geschäftsbericht 2004 Geschäftsbericht 2005 Geschäftsbericht 2006
Strabag SE	http://www.strabag.at/ Geschäftsbericht 2007 Jahresfinanzbericht 2007
SW Umwelttechnik Stoiser & Wolschner AG	http://www.sw-umwelttechnik.at/
Teak Holz International AG	http://www.teakholzinternational.com/ Geschäftsbericht 2007
UNIQA Versicherungen AG	http://www.uniqa.at/uniqa_at/ Konzernbericht 2008 Konzernbericht 2009
VOEST-ALPINE	http://www.voestalpine.com/
Warimpex Finanz- und Beteiligungs AG	http://www.warimpex.at/ Geschäftsbericht 2009

Wiener Städtische Versicherung AG *http://www.wienerstaedtische.at/*
Vienna Insurance Group Geschäftsbericht 2005
Konzernbericht 2005
Geschäftsbericht 2008
Konzernbericht 2008

Wienerberger AG *http://www.wienerberger.at/*
Geschäftsbericht 2004
Geschäftsbericht 2007
Geschäftsbericht 2009

Anhang

Jahr	Unternehmen	BR	BRH	BV	Verhältnis zu 1
2000	BETandWIN.com	nein			
2000	Immofinanz	ja	Ja	7:2	3,5
2000	Oberbank St	ja	Ja	25:1	25
2000	BKS St	ja	Ja	25:1	25
2000	BTV St	ja	Ja	47:3	15,67
2000	CyberTron	ja	Ja	45:8	5,63
2000	Bank Austria Wohnbau GWS 1	ja	Ja	15:2	7,5
2000	Erste Bank	ja	Ja	37:5	7,4
2000	Sparkassen-Immo-Invest GS	ja	Ja	83:17	4,88
2001	CA Immobilien	ja	Ja	10:1	10
2001	Immofinanz Immobilien	ja	Ja	2:1	2
2001	BA Wohnbau GWS 1	ja	Ja	5:1	5
2001	Palfinger	ja	Ja	10:1	10
2001	EVN	ja	Ja	99:10	9,9
2001	CA Immobilien	ja	Ja	10:1	10
2001	Immofinanz Immobilien	ja	Ja	10:1	10
2001	Sparkassen-Immobilien Invest GS	ja	Ja	4:1	4
2002	CyberTron	nein			
2002	VOEST-ALPINE	ja	Nein	5:1	5
2002	CA Immobilien	ja	Ja	10:1	10
2002	Sparkassen-Immo-Invest GS	ja	Ja	2:1	2
2002	Generali Holding	ja	Ja	25:1	25
2002	JoWooD Productions	ja	Nein	5:2	2,5
2002	Immofinanz Immobilien	ja	Ja	4:1	4
2002	Erste Bank	ja	Ja	11:2	5,5
2002	CA Immobilien Anlagen AG	ja	Ja	10:1	10
2002	CLC AG	ja	Ja	3:1	3
2003	JoWood Productions Software	nein			
2003	conwert Immobilien Invest	ja	Ja	3:2	1,5
2003	CA Immobilien Anlagen	ja	Ja	11:1	11
2003	Immofinanz	ja	Ja	11:1	11
2003	Sparkassen-Immo-Invest GS	ja	Ja	90:1 (5:1 für AKT)	
2003	Josef Manner	ja	Ja	26:1	26
2003	JoWood Productions Software	ja	Ja	5:3	1,67
2003	CA Immobilien Anlagen	ja	Ja	9:1	9
2003	conwert Immobilien Invest	ja	Ja	10:7	1,43
2003	Immofinanz	ja	Ja	5:1	5

2003	JoWood Productions Software	ja	Ja	2:1	2
2004	SEG Immo AG	ja	Ja	16:1	16
2004	Immofinanz Immobilien Anlagen	ja	Ja	4:1	4
2004	conwert Immobilien Invest AG	ja	Ja	12:5	2,4
2004	Wienerberger AG	ja	nein	8:1	8
2004	Brain Force Software AG	ja	Ja	10:9	1,11
2004	conwert Immobilien Invest AG	ja	Ja	16:1	16
2004	Wienerberger AG	nein			
2004	Josef Manner & Comp. AG	ja	Ja	27:1	27
2004	JoWood Productions Software AG	ja	Ja	10:3	3,33
2004	EVN AG	ja	Ja	23:2	11,5
2004	CA Immobilien Anlagen AG	ja	Ja	10:1	10
2004	JoWood Productions Software AG	nein			
2004	IMMOEAST Immobilien	ja	Ja	1:1	1
2004	conwert Immobilien Invest AG	ja	Ja	2:1	2
2004	Sparkassen Immobilien AG S-Immo Invest, GS	ja	Ja	10GS:1GS 149A:1GS	
2004	Sparkassen Immobilien AG	ja	Ja	10:1	10
2004	CA Immobilien Anlagen AG	ja	Ja	10:1	10
2004	SEG Immo AG	ja	Ja	10:1	10
2004	CROSS Holding AG	ja	Ja	44:19	2,32
2004	OMV AG	ja	nein	9:1	9
2005	AGRANA Beteiligungs-AG	ja	Ja	7:2	3,5
2005	Sparkassen Immobilien AG S-Immo Invest, GS	ja	Ja	10GS:1GS 149A:1GS	
2005	Intercell AG	nein			
2005	SCHOELLER-BLECKMANN Oilfield Equipment AG	ja	nein	13:3	4,33
2005	conwert Immobilien Invest AG	ja	Ja	5:4	1,25
2005	Raiffeisen International Bank-Holding	nein			
2005	ECO Business-Immobilien AG	ja	Ja	10:3	3,33
2005	SW Umwelttechnik Stoiser & Wolschner AG	ja	Ja	10:1	10
2005	Immofinanz Immobilien Anlagen AG	ja	Ja	3:1	3
2005	SEG Immo AG	ja	Ja	3:1	3
2005	CA Immobilien Anlagen AG	ja	Ja	11:1	11
2005	BÖHLER-UDDEHOLM AG	ja	nein	6:1	6
2005	Sparkassen Immobilien AG S-Immo Invest, GS	ja	Ja	7GS:4GS 24A:1GS	
2005	Immoeast Immobilien Anlagen AG	ja	Ja	2:3	0,67
2005	Immoeast Immobilien Anlagen AG	ja	Ja	2:1	2
2005	ECO Business-Immobilien AG	ja	Ja	3:2	1,5
2005	CA Immobilien Anlagen AG	ja	nein	8:1	8
2005	Sparkassen Immobilien AG	ja	Ja	8:3	2,67
2005	conwert Immobilien Invest AG	ja	Ja	3:1	3

Jahr	Unternehmen				
2005	WIENER STÄDTISCHE Allgemeine Versicherungs-AG, St	ja	nein	14:3	4,67
2005	Frauenthal Holding AG	ja	nein	13:1	13
2005	Sparkassen Immobilien AG	ja	nein	11:1	11
2006	Erste Bank der oesterr. Sparkassen AG	ja	nein	15:4	3,75
2006	Erste Bank der oesterr. Sparkassen AG	nein			
2006	JoWood Productions Software AG	ja	Ja	7:3	2,33
2006	BETandWIN.com Interactive Entertainment AG	nein			
2006	ECO Business- Immobilien AG	ja	Ja	13:4	3,25
2006	BRAIN FORCE HOLDING AG	ja	nein	2:1	2
2006	conwert Immobilien Invest AG	ja	Ja	2:1	2
2006	IMMOFINANZ IMMOBILIEN ANLAGEN AG	ja	nein	3:1	3
2006	Oberbank AG, St	ja	Ja	13:1	13
2006	IMMOEAST IMMOBILIEN ANLAGEN AG	ja	nein	2:3	0,67
2006	ECO Business- Immobilien AG	ja	Ja	11:6	1,83
2006	HTP High Tech Plastics AG	ja	nein	17:6	2,83
2006	Sparkassen Immobilien AG, St	ja	nein	8:7	1,14
2006	CA Immobilien Anlagen AG	ja	nein	3:1	3
2006	Intercell AG	ja	nein	7:1	7
2006	Sky Europe AG	ja	Ja	2:1	2
2006	CA Immo International AG	nein			
2006	Austrian Airlines Österr. Luftverkehrs-AG	ja	Ja	5:8	0,625
2006	BENE AG	nein			
2006	ECO Business- Immobilien AG	ja	Ja	9:1	9
2007	DO & CO Restaurants & Catering Aktiengesellschaft	ja	nein	5:1	5
2007	Conwert Immobilien Invest AG	ja	nein	11:5	2,2
2007	Teak Holz International AG	nein	nein		
2007	CA Immobilien Anlagen Aktiengesellschaft	ja	nein	2:1	2
2007	Immoeast AG	ja	nein	2:1	2
2007	ECO Business-Immobilien AG	ja	nein	4:5	0,8
2007	Raiffeisen International Bank-Holding AG	ja	nein	1:12	0,083
2007	Wienerberger AG	ja	nein	15:2	7,5
2007	Strabag SE	nein	nein		
2007	Christ Water Technology AG	nein	nein		
2008	Wiener Städtische Versicherung AG Vienna Insurance Group	ja	nein	3:14	0,21
2008	HTI High Tech Industries AG	nein	nein		
2008	Austrian Airlines AG, St	ja	nein	3:2	1,5
2008	UNIQA Versicherungen AG, ST	ja	nein	10:1	10

2009	KTM Power Sports AG	ja	nein	10:1	10
2009	ATB Austria Antriebstechnik AG	nein	nein		
2009	Wienerberger AG	ja	Ja	5:2	2,5
2009	Warimpex Finanz- und Beteiligungs AG	nein	nein		
2009	Oberbank AG, St	ja	Ja	16:1	16
2009	BKS Bank AG, St	ja	nein	6:1	6
2009	HTI High Tech Industries AG	ja	nein	1:2	0,5
2009	Allgemeine Baugesellschaft - A. Porr AG, St	ja	nein	3:1	3
2009	Erste Group Bank AG	ja	nein	16:3	5,33
2009	UNIQA Versicherungen AG	ja	nein	11:1	11
2009	Intercell AG	nein	nein		

Tabelle 7: Verzeichnis der in die Auswertung einbezogenen Kapitalerhöhungen[289]

Jahr	Unternehmen	Angabe bezüglich der Inanspruchnahme der Bezugsrechte
2000	CyberTron	„Die Creditanstalt (CA) hat im Zuge eines Bezugsrechts auf Aktien des börsenotierten Telekom-Anbieters CyberTron insgesamt 452.250 Inhaberaktien der CyberTron erworben, gab das Unternehmen gestern bekannt. CyberTron hatte im Juli 1999 eine nachrangige Optionsanleihe begeben. Die CA habe als Inhaberin der Optionsscheine und Bezugsberechtigte vom Bezugsrecht sämtlicher Optionsscheine Gebrauch gemacht, hieß es weiter."[290]
2001	Palfinger	„Weil der Bezugspreis erst am Ende der Bezugsfrist bekannt gegeben werde, sei das Bezugsrecht, das zwischen 29. und 31. Mai an der Wiener Börse gehandelt worden sei de facto wertlos."[291]
2004	Brain Force Software AG	„Die Bezugsrechtsausnutzung lag bei über 80 Prozent"[292]
2004	OMV AG	„12% der jungen Aktien und 2% der Wandelschuldverschreibungen wurden durch Ausübung ihres Bezugsrechts von bestehenden OMV Aktionären bezogen."[293]
2005	AGRANA Beteiligungs-AG	„Die Haupteigentümer LLI und Südzucker machen von ihrem Bezugsrecht keinen Gebrauch, der Streubesitz wird dadurch von 12,55 auf 24,5 Prozent steigen."[294]

---

[289] Quelle: eigene Darstellung.
[290] Eder, 2000, 17.
[291] Austria Börsenbrief, 05.06.2001.
[292] Brain Force Software AG, Geschäftsbericht 2004, 26.
[293] OMV, Geschäftsbericht 2004, 21.
[294] Die Presse, 02.02.2005, 25.

2005	BÖHLER-UDDEHOLM AG	„Kommt es bei Böhler-Uddeholm zu einer Kapitalerhöhung, kann die Investoren-Gruppe rund um den Badener Anwalt Rudolf Fries ihr Bezugsrecht voll ausüben. Zu diesem Schluss kam die Übernahmekommission am Freitag. Die Gruppe hält über die BU Industrieholding 25,7 Prozent an Böhler-Uddeholm. Seit dem Ausstieg der ÖIAG bei Böhler ist die Fries-Gruppe grösster Aktionär. Die Übernahmekommission schränkte daher ihre Aktionärsrechte ein."[295]
2007	Raiffeisen International Bank-Holding AG	„Bestehende Aktionäre – mit Ausnahme des Mehrheitsaktionärs RZB – übten ihre Bezugsrechte zu rund 24,5 Prozent aus. Die RZB zeichnete rund 50 Prozent der gesamten Emission und übten damit rund 71,4% der ihr zustehenden Bezugsrechte aus."[296]
2007	Wienerberger AG	„40 % der 9,8 Mio. jungen Aktien haben bisherige Aktionäre über ihre Bezugsrechte zu einem Ausgabepreis von 45 € gezeichnet. Die restlichen 60 % der neuen Aktien wurden bei internationalen und österreichischen Investoren zu 45 € breit gestreut platziert."[297]
2008	Austrian Airlines AG, St	„Infolge der Kapitalerhöhung kam es zu einer leichten Veränderung der Aktionärsstruktur. Der Anteil der im Streubesitz gehaltenen Aktien stieg im Berichtszeitraum geringfügig von 46,45% auf 47,94%. Infolge der Nichtausübung der Bezugsrechte sank hingegen der ÖIAG-Anteil an der Austrian Airlines Group um 1,19 Prozentpunkte auf 41,56%, der Anteil der institutionellen Investoren ging um 0,20 Prozentpunkte auf 7,05% zurück."[298]
2008	UNIQA Versicherungen AG, ST	„Nicht ausgeübte Bezugsrechte für 1.538.517 junge Aktien wurden wie vereinbart von den Kernaktionären der UNIQA Versicherungen AG übernommen."[299]
2009	KTM Power Sports AG	„Jene 416.216 Stück neue Aktien, für die keine Bezugsrechte ausgeübt wurden, werden von der Bajaj Auto International Holding B.V. zur Gänze aufgegriffen. Der Anteil der Bajaj Auto International Holding B.V. an der KTM Power Sports AG erhöht sich dadurch von 26,22% auf 31,72%."[300]
2009	Wienerberger AG	„Es wurden 98 % der Bezugsrechte ausgeübt."[301]
2009	Oberbank AG, St	„Die bestehenden Aktionäre haben ihr Bezugsrecht praktisch zur Gänze ausgenützt, die nicht von den Altaktionären in Anspruch genommenen Bezugsrechte waren stark nachgefragt, sodass auch neue Investoren gewonnen werden konnten."[302]

---

[295] WirtschaftsBlatt, 07.05.2005, Nr. 2360, S. 5.
[296] Raiffeisen International Bank-Holding AG, Konzernbericht, 60f.
[297] Wienerberger AG, Geschäftsbericht 2007, 61f.
[298] Austrian Airlines AG, Austrian Airlines Group Geschäftsbericht, 45.
[299] NA Presseportal, 14.11.2008, http://www.presseportal.ch/de/pm/100004114/100573513/uniqa_versicherungen_ag, [Abfrage: 11.07.2010].
[300] NA Presseportal, 27.02.2009, http://www.presseportal.ch/de/pm/100009078/100578513/ktm_power_sports_ag?search=KTM%2CPower%2CSports%2CAG, [Abfrage: 11.07.2010].
[301] Wienerberger AG, Geschäftsbericht 2009, 65.
[302] Oberbank AG, Geschäftsbericht 2009, 9.

2009	BKS Bank AG, St	„Insgesamt wurden 86,3 % der Bezugsrechte ausgeübt. Sämtliche nicht über Bezugsrechte erworbenen Jungen Aktien wurden im Rahmen eines öffentlichen Angebots von privaten und institutionellen Investoren in Österreich gezeichnet. Zahlreiche Anleger wurden somit neue Aktionäre unseres Hauses."[303]
2009	UNIQA Versicherungen AG	„Nicht ausgeübte Bezugsrechte für 806.588 junge Aktien wurden wie vereinbart von den Kernaktionären (Raiffeisen-Gruppe, Austria Privatstiftung und Collegialität) der UNIQA Versicherungen AG übernommen."[304]

Tabelle 8: Statements zur Inanspruchnahme der Bezugsrechte[305]

Jahr	Unternehmen	Datum	gehandeltes Volumen	Summe alte Aktien	Prozentanteil
2001	CA Immobilien	12.10.2001	2.687.572	16.499.996	16,29%
		15.10.2001	483.390	16.499.996	2,93%
		16.10.2001	1.890.146	16.499.996	11,46%
		Summe	5.061.108	16.499.996	30,67%
2002	CA Immobilien	12.04.2002	7.225.354	18.149.996	39,81%
		15.04.2002	540.544	18.149.996	2,98%
		16.04.2002	4.079.662	18.149.996	22,48%
		Summe	11.845.560	18.149.996	65,26%
2002	CA Immobilien Anlagen AG	10.07.2002	3.065.728	19.964.996	15,36%
		11.07.2002	1.835.702	19.964.996	9,19%
		12.07.2002	2.642.458	19.964.996	13,24%
		Summe	7.543.888	19.964.996	37,79%
2002	Erste Bank	01.07.2002	3.546.082	50.362.955	7,04%
		02.07.2002	4.670.634	50.362.955	9,27%
		03.07.2002	13.213.764	50.362.955	26,24%
		Summe	21.430.480	50.362.955	42,55%

---

[303] BKS Bank AG, Geschäftsbericht 2009, 45f.
[304] NA Presseportal, 12.12.2009, http://www.presseportal.ch/de/pm/100004114/100595344/uniqa_versicherungen_ag?search=UNIQA%2CVersicherungen%2CAG, [Abfrage: 11.07.2009].
[305] Quelle: eigene Darstellung.

Jahr	Gesellschaft	Datum	Betrag	Gesamt	Prozent
2002	Immofinanz Immobilien	20.06.2002	2.657.870	123.068.269	2,16%
		21.06.2002	9.451.224	123.068.269	7,68%
		24.06.2002	28.514.586	123.068.269	23,17%
		Summe	**40.623.680**	**123.068.269**	**33,01%**
2003	Immofinanz	10.10.2003	12.928.364	167.820.368	7,70%
		Summe	**12.928.364**	**167.820.368**	**7,70%**
2003	CA Immobilien Anlagen	05.08.2003	2.839.292	26.441.996	10,74%
		06.08.2003	1.404.398	26.441.996	5,31%
		07.08.2003	1.979.102	26.441.996	7,48%
		Summe	**6.222.792**	**26.441.996**	**23,53%**
2003	CA Immobilien Anlagen	02.04.2003	11.855.238	21.961.496	53,98%
		03.04.2003	776.704	21.961.496	3,54%
		04.04.2003	8.175.110	21.961.496	37,22%
		Summe	**20.807.052**	**21.961.496**	**94,74%**
2003	conwert Immobilien Invest	24.02.2003	1.202	3.000.000	0,04%
		25.02.2003	1.500	3.000.000	0,05%
		Summe	**2.702**	**3.000.000**	**0,09%**
2003	Josef Manner	20.06.2003	310	1.755.001	0,02%
		23.06.2003	3.926	1.755.002	0,22%
		24.06.2003	191.188	1.755.003	10,89%
		Summe	**195.424**	**1.755.000**	**11,14%**
2004	Sparkassen Immobilien AG	25.10.2004	972.704	30.374.801	3,20%
		27.10.2004	133.970	30.374.802	0,44%
		28.10.2004	936.988	30.374.803	3,08%
		Summe	**2.043.662**	**30.374.800**	**6,73%**
2004	Josef Manner & Comp. AG	25.06.2004	2.000	1.822.501	0,11%
		28.06.2004	3.888	1.822.502	0,21%
		29.06.2004	67.030	1.822.503	3,68%
		Summe	**72.918**	**1.822.500**	**4,00%**
2004	Immofinanz Immobilien Anlagen	18.05.2004	19.261.562	201.384.443	9,56%

		19.05.2004	6.542.568	201.384.444	3,25%
		21.05.2004	44.805.458	201.384.445	22,25%
		Summe	**70.609.588**	**201.384.442**	**35,06%**
2004	CA Immobilien Anlagen AG	10.11.2004	15.479.144	32.317.997	47,90%
		11.11.2004	2.911.116	32.317.998	9,01%
		12.11.2004	4.679.616	32.317.999	14,48%
		Summe	**23.069.876**	**32.317.996**	**71,38%**
2004	CA Immobilien Anlagen AG	28.07.2004	9.452.518	29.379.997	32,17%
		29.07.2004	599.166	29.379.998	2,04%
		30.07.2004	3.858.172	29.379.999	13,13%
		Summe	**13.909.856**	**29.379.996**	**47,34%**
2004	CROSS Holding AG	29.11.2004	12.748	4.400.001	0,29%
		30.11.2004	120.088	4.400.002	2,73%
		01.12.2004	58.526	4.400.003	1,33%
		Summe	**191.362**	**4.400.000**	**4,35%**
2004	EVN AG	14.07.2004	4.640.010	37.581.456	12,35%
		15.07.2004	1.512.948	37.581.457	4,03%
		16.07.2004	403.154	37.581.458	1,07%
		Summe	**6.556.112**	**37.581.455**	**17,45%**
2004	Brain Force Software AG	24.05.2004	87.536	7.252.184	1,21%
		25.05.2004	10	7.252.185	0,00%
		26.05.2004	30.022	7.252.186	0,41%
		Summe	**117.568**	**7.252.183**	**1,62%**
2005	Sparkassen Immobilien	21.11.2005	123.026	33.412.280	0,37%
		22.11.2005	305.522	33.412.281	0,91%
		23.11.2005	77.602	33.412.282	0,23%
		Summe	**506.150**	**33.412.279**	**1,51%**
2005	AGRANA Beteiligungs-AG	07.02.2005	685.544	11.027.041	6,22%
		08.02.2005	401.980	11.027.042	3,65%
		09.02.2005	1.421.960	11.027.043	12,90%
		Summe	**2.509.484**	**11.027.040**	**22,76%**
2005	Immofinanz Immobilien Anlagen AG	12.05.2005	42.609.918	251.730.555	16,93%

Jahr	Unternehmen	Datum	Summe/Betrag	BV	%
		13.05.2005	20.533.272	251.730.556	8,16%
		17.05.2005	69.743.834	251.730.557	27,71%
		Summe	**132.887.024**	**251.730.554**	**52,79%**
2005	CA Immobilien	23.05.2005	10.756.410	35.549.797	30,26%
		24.05.2005	5.575.650	35.549.798	15,68%
		25.05.2005	4.761.292	35.549.799	13,39%
		Summe	**21.093.352**	**35.549.796**	**59,33%**
2005	SW Umwelttechnik Stoiser & Wolscher AG	28.04.2005	5.410	600.001	0,90%
		29.04.2005	21.310	600.002	3,55%
		02.05.2005	45.060	600.003	7,51%
		Summe	**71.780**	**600.000**	**11,96%**
2006	conwert Immobilien Invest AG	21.03.2006	509.278	39.123.001	1,30%
		22.03.2006	2.533.960	39.123.002	6,48%
		23.03.2006	5.954	39.123.003	0,02%
		Summe	**3.049.192**	**39.123.000**	**7,79%**
2006	Oberbank AG, St	19.05.2006	35.036	7.320.001	0,48%
		22.05.2006	14.194	7.320.002	0,19%
		23.05.2006	122.606	7.320.003	1,67%
		Summe	**171.836**	**7.320.000**	**2,35%**
2006	ECO Business- Immobilien AG	02.06.2006	21.100	16.287.501	0,13%
		06.06.2006	12	16.287.502	0,00%
		07.06.2006	18	16.287.503	0,00%
		Summe	**21.130**	**16.287.500**	**0,13%**

Tabelle 9: Gehandelte Bezugsrechte[306]

Jahr	Unternehmen	Datum	Kurs alt	EK	BV	Erre. BR	Tats. BR
2001	CA Immobilien	05.10.	16,94	16,60	10:1	0,03	
		12.10.	16,91	16,60	10:1	0,03	0,01
		15.10.	16,93	16,60	10:1	0,03	0,01
		16.10.	16,93	16,60	10:1	0,03	0,01

---

[306] Quelle: eigene Darstellung.

2002	CA Immobilien	05.04.	17,45	17,10	10:1	0,03	
		12.04.	17,50	17,10	10:1	0,04	0,01
		15.04.	17,50	17,10	10:1	0,04	0,01
		16.04.	17,52	17,10	10:1	0,04	0,01
2002	CA Immobilien Anlagen AG	03.07.	17,66	17,30	10:1	0,03	
		10.07.	17,63	17,30	10:1	0,03	0,01
		11.07.	17,60	17,30	10:1	0,03	0,01
		12.07.	17,60	17,30	10:1	0,03	0,01
2002	Immofinanz Immobilien	13.06.	5,52	5,30	4:1	0,04	
		20.06.	5,46	5,30	4:1	0,03	0,03
		21.06.	5,45	5,30	4:1	0,03	0,03
		24.06.	5,46	5,30	4:1	0,03	0,03
2003	Immofinanz	30.09.	6,26	6,00	5:1	0,04	
		10.10.	6,19	6,00	5:1	0,03	0,03
2003	CA Immobilien Anlagen	29.07.	18,85	18,65	9:1	0,02	
		05.08.	18,85	18,65	9:1	0,02	0,01
		06.08.	18,82	18,65	9:1	0,02	0,01
		07.08.	18,85	18,65	9:1	0,02	0,01
2003	CA Immobilien Anlagen	25.03.	18,38	18,20	11:1	0,02	
		02.04.	18,44	18,20	11:1	0,02	0,02
		03.04.	18,44	18,20	11:1	0,02	0,02
		04.04.	18,44	18,20	11:1	0,02	0,01
2003	conwert Immobilien Invest	17.02.	11,29	11,26	3:2	0,01	
		24.02.	11,28	11,26	3:2	0,01	0,01
		25.02.	11,28	11,26	3:2	0,01	0,01
2003	Josef Manner	12.06.	33,00	7,28	26:1	0,95	
		20.06.	33,00	7,28	26:1	0,95	0,88
		23.06.	31,00	7,28	26:1	0,88	0,82
		24.06.	34,00	7,28	26:1	0,99	0,8
2004	Sparkassen Immobilien AG	12.10.	7,93	7,95	10:1	0,00	
		25.10.	7,97	7,95	10:1	0,00	0,01
		27.10.	8,00	7,95	10:1	0,00	0,01
		28.10.	7,99	7,95	10:1	0,00	0,01

2004	Josef Manner & Comp. AG	18.06.	35,00	7,27	27:1	0,99	
		25.06.	35,50	7,27	27:1	1,01	1,04
		28.06.	35,75	7,27	27:1	1,02	1,04
		29.06.	35,75	7,27	27:1	1,02	0,95
2004	Immofinanz Immobilien Anlagen	07.05.	6,39	6,20	4:1	0,04	
		18.05.	6,30	6,20	4:1	0,02	0,02
		19.05.	6,30	6,20	4:1	0,02	0,02
		21.05.	6,34	6,20	4:1	0,03	0,02
2004	CA Immobilien Anlagen AG	29.10.	19,98	19,70	10:1	0,03	
		10.11.	19,97	19,70	10:1	0,02	0,01
		11.11.	19,96	19,70	10:1	0,02	0,01
		12.11.	19,86	19,70	10:1	0,01	0,01
2004	CA Immobilien Anlagen AG	14.07.	19,65	19,45	10:1	0,02	
		28.07.	19,67	19,45	10:1	0,02	0,01
		29.07.	19,67	19,45	10:1	0,02	0,01
		30.07.	19,66	19,45	10:1	0,02	0,01
2004	Brain Force Software AG	14.05.	3,04	3,00	10:9	0,02	
		24.05.	3,18	3,00	10:9	0,09	0,01
		25.05.	3,04	3,00	10:9	0,02	0,01
		26.05.	3,04	3,00	10:9	0,02	0,01
2005	Sparkassen Immobilien	14.11.	8,45	8,40	8:3	0,01	
		21.11.	8,50	8,40	8:3	0,03	0,01
		22.11.	8,50	8,40	8:3	0,03	0,01
		23.11.	8,50	8,40	8:3	0,03	0,01
2005	AGRANA Beteiligungs-AG	31.01.	82,00	72,00	7:2	2,22	
		07.02.	84,80	72,00	7:2	2,84	0,01
		08.02.	86,00	72,00	7:2	3,11	0,1
		09.02.	84,14	72,00	7:2	2,70	0,11
2005	Immofinanz Immobilien Anlagen AG	20.04.	7,06	6,90	3:1	0,04	
		12.05.	6,99	6,90	3:1	0,02	0,01
		13.05.	6,99	6,90	3:1	0,02	0,01
		17.05.	7,07	6,90	3:1	0,04	0,01
2005	CA Immobilien	06.05.	20,46	20,20	11:1	0,02	
		23.05.	20,4	20,20	11:1	0,02	0,01

		24.05.	20,38	20,20	11:1	0,02	0,01
		25.05.	20,37	20,20	11:1	0,01	0,01
2005	SW Umwelttechnik Stoiser & Wolscher AG	20.04.	49,00	35,00	10:1	1,27	
		28.04.	43,00	35,00	10:1	0,73	0,4
		29.04.	41,99	35,00	10:1	0,64	0,01
		02.05.	41,4	35,00	10:1	0,58	0,01
2006	conwert Immobilien Invest AG	14.03.	14,95	14,90	2:1	0,02	
		21.03.	14,90	14,90	2:1	0,00	0,01
		22.03.	14,96	14,90	2:1	0,02	0,01
		23.03.	14,94	14,90	2:1	0,01	0,01
2006	ECO Business- Immobilien AG	26.05.	12,05	11,95	11:6	0,04	
		02.06.	11,95	11,95	11:6	0,00	0,01
		06.06.	11,92	11,95	11:6	-0,01	0,01
		07.06.	11,84	11,95	11:6	-0,04	0,01

Tabelle 10: Vergleich des errechneten und tatsächlichen Werts des Bezugsrechts[307]

Unternehmen	Marktsegment	Branche	Subbranche
AGRANA BETEILI-GUNGS-AG	Prime Market	Konsumgüter	Lebensmittel, Getränke & Tabak
ANDRITZ AG	Prime Market	Industriegüter & Dienstleistungen	Produktionstechnik & Maschinen
AT&S Austria Tech.&Systemtech.	Prime Market	Technologie & Telekom	Hardware & Ausrüstung
A-TEC INDUSTRIES AG	Prime Market	Industriegüter & Dienstleistungen	Produktionstechnik & Maschinen
BENE AG	Prime Market	Konsumgüter	Haushaltsartikel & Möbel
BWIN INT. ENTERT. AG	Prime Market	Verbraucherdienste	Freizeit & Glücksspiel
BWT AG	Prime Market	Industriegüter & Dienstleistungen	sonstige ind. Dienstleistungen
CA IMMO INTERNATIONAL AG	Prime Market	Finanzwesen	Immobilien
CA IMMOBILIEN ANLAGEN AG	Prime Market	Finanzwesen	Immobilien
CENTURY CASINOS INC	Prime Market	Verbraucher-dienste	Freizeit & Glücksspiel

---

[307] Quelle: eigene Darstellung.

CONSTANTIA PACKAGING AG	Prime Market	Industriegüter & Dienstleistungen	Verpackung
CONWERT IMMOBILIEN INVEST SE	Prime Market	Finanzwesen	Immobilien
DO&CO RESTAURANTS&CATERING AG	Prime Market	Verbraucher-dienste	Freizeit & Glücksspiel
ECO BUSINESS-IMMOBILIEN AG	Prime Market	Finanzwesen	Immobilien
ERSTE GROUP BANK AG	Prime Market	Finanzwesen	Banken
EVN AG	Prime Market	Versorger	Multi-Versorger
FLUGHAFEN WIEN AG	Prime Market	Industriegüter & Dienstleistungen	Transport
FRAUENTHAL HOLDING AG	Prime Market	Industriegüter & Dienstleistungen	Industriekonglomerate
IMMOFINANZ AG	Prime Market	Finanzwesen	Immobilien
INTERCELL AG	Prime Market	Gesundheits-wesen	Biotechnologie
JOWOOD ENTERTAINMENT AG	Prime Market	Technologie & Telekom	Software & IT Dienste
KAPSCH TRAFFICCOM AG	Prime Market	Industriegüter & Dienstleistungen	Elektrische Geräte
MAYR-MELNHOF KARTON AG	Prime Market	Industriegüter & Dienstleistungen	Verpackung
OESTERR. POST AG	Prime Market	Industriegüter & Dienstleistungen	Transport
OMV AG	Prime Market	Grundindustrie	Erdöl & Erdgas
PALFINGER AG	Prime Market	Industriegüter & Dienstleistungen	Produktionstechnik & Maschinen
POLYTEC HOLDING AG	Prime Market	Konsumgüter	Automobile & Zulieferer
RAIFFEISEN INT. BANK-HLDG AG	Prime Market	Finanzwesen	Banken
RHI AG	Prime Market	Industriegüter & Dienstleistungen	Produktionstechnik & Maschinen
ROSENBAUER INTERNATIONAL AG	Prime Market	Industriegüter & Dienstleistungen	Produktionstechnik & Maschinen
S&T SYSTEM INT.&TECH. DISTR.AG	Prime Market	Technologie & Telekom	Software & IT Dienste
SCHOELLER-BLECKMANN AG	Prime Market	Grundindustrie	Erdöl & Erdgas
SEMPERIT AG HOLDING	Prime Market	Industriegüter & Dienstleistungen	Sonstige Industriegüter
SPARKASSEN IMMOBILIEN AG	Prime Market	Finanzwesen	Immobilien
STRABAG SE	Prime Market	Grundindustrie	Bauwesen
TELEKOM AUSTRIA AG	Prime Market	Technologie & Telekom	Telekommunikation
UNIQA VERSICHERUNGEN AG	Prime Market	Finanzwesen	Versicherungen
VERBUND AG KAT. A	Prime Market	Versorger	Stromversorger

VIENNA INSURANCE GROUP AG	Prime Market	Finanzwesen	Versicherungen
VOESTALPINE AG	Prime Market	Grundindustrie	Bergbau & Metalle
WARIMPEX FINANZ- UND BET. AG	Prime Market	Finanzwesen	Immobilien
WIENERBERGER AG	Prime Market	Grundindustrie	Baustoffe
WOLFORD AG	Prime Market	Konsumgüter	Persönliche Güter
ZUMTOBEL AG	Prime Market	Industriegüter & Dienstleistungen	Elektrische Geräte
BARRACUDA NETWORKS AG	Mid Market	Technologie & Telekom	Software & IT Dienste
BINDER+CO AG	Mid Market	Industriegüter & Dienstleistungen	Produktionstechnik & Maschinen
HEAD N.V.	Mid Market	Konsumgüter	Freizeitartikel
HTI HIGH TECH INDUSTRIES AG	Mid Market	Industriegüter & Dienstleistungen	Sonstige Industriegüter
HUTTER & SCHRANTZ STAHLBAU AG	Mid Market	Grundindustrie	Bauwesen
KTM POWER SPORTS AG	Mid Market	Konsumgüter	Automobile & Zulieferer
PANKL RACING SYSTEMS AG	Mid Market	Konsumgüter	Automobile & Zulieferer
SANOCHEMIA PHARMAZEUTIKA AG	Mid Market	Gesundheits-wesen	
UNTERNEHMENS INVEST AG	mid market	Finanzwesen	Sonstige Finanzdienste
ATRIUM EUROP.REAL EST.LTD	Standard Market Continuous	Finanzwesen	Immobilien
BRAIN FORCE HOLDING AG	Standard Market Continuous	Technologie & Telekom	Software & IT Dienste
HIRSCH SERVO AG	Standard Market Continuous	Industriegüter & Dienstleistungen	Produktionstechnik & Maschinen
LENZING AG	Standard Market Continuous	Grundindustrie	Chemie
SW UMWELTTECHNIK AG	Standard Market Continuous	Industriegüter & Dienstleistungen	Produktionstechnik & Maschinen
TEAK HOLZ INT. AG	Standard Market Continuous	Grundindustrie	Papier & Forstwirtschaft
ALLG.BAUGES.-A.PORR AG ST	Standard Market Auction	Grundindustrie	Bauwesen
ALLG.BAUGES.-A.PORR AG VZ	Standard Market Auction	Grundindustrie	Bauwesen
ATB AUSTRIA ANTRIEBSTECHNIK AG	Standard Market Auction	Industriegüter & Dienstleistungen	Produktionstechnik & Maschinen
AVW INVEST AG	Standard Market Auction	Finanzwesen	Sonstige Finanzdienste
BANK FÜR TIROL UND VBG AG ST	Standard Market Auction	Finanzwesen	Banken
BANK FÜR TIROL UND VBG AG VZ	Standard Market Auction	Finanzwesen	Banken

BKS BANK AG ST	Standard Market Auction	Finanzwesen	Banken
BKS BANK AG VZ	Standard Market Auction	Finanzwesen	Banken
BURGENLAND HOLDING AG	Standard Market Auction	Finanzwesen	Sonstige Finanzdienste
CEG I BETEILIGUNGS AG	Standard Market Auction	Finanzwesen	Sonstige Finanzdienste
CHRIST WATER TECHNOLOGY AG	Standard Market Auction	Industriegüter & Dienstleistungen	Sonstige ind. Dienstleistungen
C-QUADRAT INVESTMENT AG	Standard Market Auction	Finanzwesen	Sonstige Finanzdienste
IBUSZ RT.	Standard Market Auction	Verbraucher-dienste	Fremdenverkehr & Reisen
JOSEF MANNER & COMP. AG	Standard Market Auction	Konsumgüter	Lebensmittel, Getränke & Tabak
LINZ TEXTIL HOLDING AG	Standard Market Auction	Konsumgüter	Persönliche Güter
MASCHINENFABRIK HEID AG	Standard Market Auction	Industriegüter & Dienstleistungen	Produktionstechnik & Maschinen
MIBA AG VZ KAT. B	Standard Market Auction	Konsumgüter	Automobile & Zulieferer
OBERBANK AG ST	Standard Market Auction	Finanzwesen	Banken
OBERBANK AG VZ	Standard Market Auction	Finanzwesen	Banken
ÖSTERR. VOLKSBANKEN AG PS	Standard Market Auction	Finanzwesen	Banken
OTTAKRINGER GETRÄNKE AG ST	Standard Market Auction	Konsumgüter	Lebensmittel, Getränke & Tabak
OTTAKRINGER GETRÄNKE AG VZ	Standard Market Auction	Konsumgüter	Lebensmittel, Getränke & Tabak
RATH AG	Standard Market Auction	Industriegüter & Dienstleistungen	Produktionstechnik & Maschinen
ROBECO N.V.	Standard Market Auction	Finanzwesen	Sonstige Finanzdienste
ROLINCO N.V.	Standard Market Auction	Finanzwesen	Sonstige Finanzdienste
RORENTO N.V.	Standard Market Auction	Finanzwesen	Sonstige Finanzdienste
SCHLUMBERGER AG ST	Standard Market Auction	Konsumgüter	Lebensmittel, Getränke & Tabak
SCHLUMBERGER AG VZ	Standard Market Auction	Konsumgüter	Lebensmittel, Getränke & Tabak
STADLAUER MALZFABRIK AG	Standard Market Auction	Finanzwesen	Sonstige Finanzdienste
TELETRADER SOFTWARE AG	Standard Market Auction	Technologie & Telekom	Software & IT Dienste
TG HOLDING AG	Standard Market Auction	Finanzwesen	Sonstige Finanzdienste

UBM REALITÄTENENT-WICKLUNG AG	Standard Market Auction	Grundindustrie	Bauwesen
VOLKSBANK VORARL-BERG PS	Standard Market Auction	Finanzwesen	Banken
VORARLBERGER KRAFTWERKE AG	Standard Market Auction	Versorger	Stromversorger
WEBFREETV.COM MULTIMEDIA AG	Standard Market Auction	Verbraucher-dienste	Medien
WIENER PRIVATBANK SE	Standard Market Auction	Finanzwesen	Banken

Tabelle 11: Einteilung des Equity Markets in Branchen und Subbranchen[308]

Branche	Anzahl der notierten Unternehmen	Prozentueller Anteil am Equity Market
Finanzwesen	31	32,63%
Gesundheitswesen	2	2,11%
Grundindustrie	11	11,58%
Industriegüter & Dienstleistungen	22	23,16%
Konsumgüter	14	14,74%
Technologie & Telekom	7	7,37%
Verbraucherdienste	5	5,26%
Versorger	3	3,16%
Summe notierter Unternehmen am Equity Market	**95**	**100,00%**

Tabelle 12: Prozentuelle Verteilung der Branchen am Equity Market[309]

Jahr	Unternehmen	Branche	Subbranche
2000	BETandWIN.com	Verbraucherdienste	Freizeit & Glücksspiel
2000	Immofinanz	Finanzwesen	Immobilien
2000	Oberbank St	Finanzwesen	Banken
2000	BKS St	Finanzwesen	Banken
2000	BTV St	Finanzwesen	Banken
2000	CyberTron	Technologie & Telekom	Telekommunikation
2000	Bank Austria Wohnbau GWS 1	Finanzwesen	Immobilien
2000	Erste Bank	Finanzwesen	Banken
2000	Sparkassen-Immo-Invest GS	Finanzwesen	Immobilien
2001	CA Immobilien	Finanzwesen	Immobilien

---

[308] Quelle: eigene Darstellung (Stand Juli 2010).
[309] Quelle: eigene Darstellung (Stand Juli 2010).

2001	Immofinanz Immobilien	Finanzwesen	Immobilien
2001	BA Wohnbau GWS 1	Finanzwesen	Immobilien
2001	Palfinger	Industriegüter & Dienstleistungen	Produktionstechnik & Maschinen
2001	EVN	Versorger	Multi-Versorger
2001	CA Immobilien	Finanzwesen	Immobilien
2001	Immofinanz Immobilien	Finanzwesen	Immobilien
2001	Sparkassen-Immobilien Invest GS	Finanzwesen	Immobilien
2002	Cyberton	Technologie & Telekom	Telekommunikation
2002	VOEST-ALPINE	Grundindustrie	Bergbau & Metalle
2002	CA Immobilien	Finanzwesen	Immobilien
2002	Sparkassen-Immo-Invest GS	Finanzwesen	Immobilien
2002	Generali Holding	Finanzwesen	Versicherung
2002	JoWooD Productions	Technologie & Telekom	Software & IT Dienste
2002	Immofinanz Immobilien	Finanzwesen	Immobilien
2002	Erste Bank	Finanzwesen	Banken
2002	CA Immobilien Anlagen AG	Finanzwesen	Immobilien
2002	CLC AG	Technologie & Telekom	Telekommunikation
2003	JoWood Productions Software	Technologie & Telekom	Software & IT Dienste
2003	conwert Immobilien Invest	Finanzwesen	Immobilien
2003	CA Immobilien Anlagen	Finanzwesen	Immobilien
2003	Immofinanz	Finanzwesen	Immobilien
2003	Sparkassen-Immo-Invest GS	Finanzwesen	Immobilien
2003	Josef Manner	Konsumgüter	Lebensmittel, Getränke & Tabak
2003	JoWood Productions Software	Technologie & Telekom	Software & IT Dienste
2003	CA Immobilien Anlagen	Finanzwesen	Immobilien
2003	conwert Immobilien Invest	Finanzwesen	Immobilien
2003	Immofinanz	Finanzwesen	Immobilien
2003	JoWood Productions Software	Technologie & Telekom	Software & IT Dienste
2004	SEG Immo AG	Finanzwesen	Immobilien
2004	Immofinanz Immobilien Anlagen	Finanzwesen	Immobilien
2004	conwert Immobilien Invest AG	Finanzwesen	Immobilien
2004	Wienerberger AG	Grundindustrie	Baustoffe
2004	Brain Force Software AG	Technologie & Telekom	Software & IT Dienste
2004	conwert Immobilien Invest AG	Finanzwesen	Immobilien
2004	Wienerberger AG	Grundindustrie	Baustoffe
2004	Josef Manner & Comp. AG	Konsumgüter	Lebensmittel, Getränke & Tabak
2004	JoWood Productions Software AG	Technologie & Telekom	Software & IT Dienste
2004	EVN AG	Versorger	Multi-Versorger

2004	CA Immobilien Anlagen AG	Finanzwesen	Immobilien
2004	JoWood Productions Software AG	Technologie & Telekom	Software & IT Dienste
2004	IMMOEAST Immobilien	Finanzwesen	Immobilien
2004	conwert Immobilien Invest AG	Finanzwesen	Immobilien
2004	Sparkassen Immobilien AG S-Immo Invest, GS	Finanzwesen	Immobilien
2004	Sparkassen Immobilien AG	Finanzwesen	Immobilien
2004	CA Immobilien Anlagen AG	Finanzwesen	Immobilien
2004	SEG Immo AG	Finanzwesen	Immobilien
2004	CROSS Holding AG	Konsumgüter	Automobile & Zulieferer
2004	OMV AG	Grundindustrie	Erdöl & Erdgas
2005	AGRANA Beteiligungs-AG	Konsumgüter	Lebensmittel, Getränke & Tabak
2005	Sparkassen Immobilien AG S-Immo Invest, GS	Finanzwesen	Immobilien
2005	Intercell AG	Gesundheitswesen	Biotechnologie
2005	SCHOELLER-BLECKMANN Oilfield Equipment AG	Grundindustrie	Erdöl & Erdgas
2005	conwert Immobilien Invest AG	Finanzwesen	Immobilien
2005	Raiffeisen International Bank-Holding	Finanzwesen	Banken
2005	ECO Business-Immobilien AG	Finanzwesen	Immobilien
2005	SW Umwelttechnik Stoiser & Wolschner AG	Industriegüter & Dienstleistungen	Produktionstechnik & Maschinen
2005	Immofinanz Immobilien Anlagen AG	Finanzwesen	Immobilien
2005	SEG Immo AG	Finanzwesen	Immobilien
2005	CA Immobilien Anlagen AG	Finanzwesen	Immobilien
2005	BÖHLER-UDDEHOLM AG	Grundindustrie	Bergbau & Metalle
2005	Sparkassen Immobilien AG S-Immo Invest, GS	Finanzwesen	Immobilien
2005	Immoeast Immobilien Anlagen AG	Finanzwesen	Immobilien
2005	Immoeast Immobilien Anlagen AG	Finanzwesen	Immobilien
2005	ECO Business-Immobilien AG	Finanzwesen	Immobilien
2005	CA Immobilien Anlagen AG	Finanzwesen	Immobilien
2005	Sparkassen Immobilien AG	Finanzwesen	Immobilien
2005	conwert Immobilien Invest AG	Finanzwesen	Immobilien
2005	WIENER STÄDTISCHE Allgemeine Versicherungs-AG, St	Finanzwesen	Versicherung
2005	Frauenthal Holding AG	Industriegüter & Dienstleistungen	Industriekonglomerate
2005	Sparkassen Immobilien AG	Finanzwesen	Immobilien
2006	Erste Bank der oesterr. Sparkassen AG	Finanzwesen	Banken

2006	Erste Bank der oesterr. Sparkassen AG	Finanzwesen	Banken
2006	JoWood Productions Software AG	Technologie & Telekom	Software & IT Dienste
2006	BETandWIN.com Interactive Entertainment AG	Verbraucherdienste	Freizeit & Glücksspiel
2006	ECO Business- Immobilien AG	Finanzwesen	Immobilien
2006	BRAIN FORCE HOLDING AG	Technologie & Telekom	Software & IT Dienste
2006	conwert Immobilien Invest AG	Finanzwesen	Immobilien
2006	IMMOFINANZ IMMOBILIEN ANLAGEN AG	Finanzwesen	Immobilien
2006	Oberbank AG, St	Finanzwesen	Banken
2006	IMMOEAST IMMOBILIEN ANLAGEN AG	Finanzwesen	Immobilien
2006	ECO Business- Immobilien AG	Finanzwesen	Immobilien
2006	HTP High Tech Plastics AG	Grundindustrie	Sonstige Industriegüter
2006	Sparkassen Immobilien AG, St	Finanzwesen	Immobilien
2006	CA Immobilien Anlagen AG	Finanzwesen	Immobilien
2006	Intercell AG	Gesundheitswesen	Biotechnologie
2006	Sky Europe AG	Industriegüter & Dienstleistungen	Transport
2006	CA Immo International AG	Finanzwesen	Immobilien
2006	Austrian Airlines Österr. Luftverkehrs-AG	Industriegüter & Dienstleistungen	Transport
2006	BENE AG	Konsumgüter	Haushaltsartikel & Möbel
2006	ECO Business- Immobilien AG	Finanzwesen	Immobilien
2007	DO & CO Restaurants & Catering Aktiengesellschaft	Verbraucherdienste	Freizeit & Glücksspiel
2007	Conwert Immobilien Invest AG	Finanzwesen	Immobilien
2007	Teak Holz International AG	Grundindustrie	Papier & Forstwirtschaft
2007	CA Immobilien Anlagen Aktiengesellschaft	Finanzwesen	Immobilien
2007	Immoeast AG	Finanzwesen	Immobilien
2007	ECO Business-Immobilien AG	Finanzwesen	Immobilien
2007	Raiffeisen International Bank-Holding AG	Finanzwesen	Banken
2007	Wienerberger AG	Grundindustrie	Baustoffe
2007	Strabag SE	Grundindustrie	Bauwesen
2007	Christ Water Technology AG	Industriegüter & Dienstleistungen	Sonstige Dienstleistungen
2008	Wiener Stadtische Versicherung AG Vienna Insurance Group	Finanzwesen	Versicherung
2008	HTI High Tech Industries AG	Industriegüter & Dienstleistungen	Sonstige Industriegüter

Jahr	Unternehmen	Branche	Subbranche
2008	Austrian Airlines AG, St	Industriegüter & Dienstleistungen	Transport
2008	UNIQA Versicherungen AG, ST	Finanzwesen	Versicherung
2009	KTM Power Sports AG	Konsumgüter	Automobile & Zulieferer
2009	ATB Austria Antriebstechnik AG	Industriegüter & Dienstleistungen	Produktionstechnik & Maschinen
2009	Wienerberger AG	Grundindustrie	Baustoffe
2009	Warimpex Finanz- und Beteiligungs AG	Finanzwesen	Immobilien
2009	Oberbank AG, St	Finanzwesen	Banken
2009	BKS Bank AG, St	Finanzwesen	Banken
2009	HTI High Tech Industries AG	Industriegüter & Dienstleistungen	Sonstige Industriegüter
2009	Allgemeine Baugesellschaft - A. Porr AG, St	Grundindustrie	Bauwesen
2009	Erste Group Bank AG	Finanzwesen	Banken
2009	UNIQA Versicherungen AG	Finanzwesen	Versicherung
2009	Intercell AG	Gesundheitswesen	Biotechnologie

Tabelle 13: Einteilung der Unternehmen mit KEH in Branchen und Subbranchen[310]

Jahr	Unternehmen	Bezugspreis	Erstnotizpreis
2000	BETandWIN.com	kA	kA
2000	Immofinanz	4,60	4,77
2000	Oberbank St	50,00	68,10
2000	BKS St	50,00	88,50
2000	BTV St	50,00	131,50
2000	CyberTron	22,00	22,50
2000	Bank Austria Wohnbau GWS 1	1132,60	1133,00
2000	Erste Bank	47,00	47,00
2000	Sparkassen-Immo-Invest GS	79,30	kA
2001	CA Immobilien	16,30	16,66
2001	Immofinanz Immobilien	5,00	5,08
2001	BA Wohnbau GWS 1	1185,00	1185,01
2001	Palfinger	34,00	35,77
2001	EVN	33,00	38,30
2001	CA Immobilien	16,60	16,98
2001	Immofinanz Immobilien	5,15	5,34
2001	Sparkassen-Immobilien Invest GS	80,00	80,00

[310] Quelle: eigene Darstellung.

2002	Cyberton	2,77	2,79
2002	VOEST-ALPINE	32,50	34,40
2002	CA Immobilien	17,10	17,62
2002	Sparkassen-Immo-Invest GS	82,10	82,10
2002	Generali Holding	150,00	173,00
2002	JoWooD Productions	6,00	6,40
2002	Immofinanz Immobilien	5,30	5,55
2002	Erste Bank	69,70	75,20
2002	CA Immobilien Anlagen AG	17,30	17,67
2002	CLC AG	1,00	0,75
2003	JoWood Productions Software	1,00	0,84
2003	conwert Immobilien Invest	11,26	11,30
2003	CA Immobilien Anlagen	18,20	18,45
2003	Immofinanz	5,80	6,23
2003	Sparkassen-Immo-Invest GS	84,00	85,00
2003	Josef Manner	7,28	31,00
2003	JoWood Productions Software	1,00	1,29
2003	CA Immobilien Anlagen	18,65	18,88
2003	conwert Immobilien Invest	11,59	11,70
2003	Immofinanz	6,00	6,20
2003	JoWood Productions Software	2,00	2,35
2004	SEG Immo AG	6,91	7,02
2004	Immofinanz Immobilien Anlagen	6,20	6,47
2004	conwert Immobilien Invest AG	12,00	12,37
2004	Wienerberger AG	26,00	27,68
2004	Brain Force Software AG	3,00	2,91
2004	conwert Immobilien Invest AG	12,10	12,45
2004	Wienerberger AG	26,00	29,10
2004	Josef Manner & Comp. AG	7,27	36,00
2004	JoWood Productions Software AG	2,40	2,19
2004	EVN AG	40,50	42,63
2004	CA Immobilien Anlagen AG	19,45	19,67
2004	JoWood Productions Software AG	2,50	1,90
2004	IMMOEAST Immobilien	6,50	6,78
2004	conwert Immobilien Invest AG	12,60	12,80
2004	Sparkassen Immobilien AG S-Immo Invest, GS	88,00	89,00
2004	Sparkassen Immobilien AG	7,95	8,00
2004	CA Immobilien Anlagen AG	19,70	19,90
2004	SEG Immo AG	7,10	7,18
2004	CROSS Holding AG	30,00	31,96
2004	OMV AG	219,00	223,50

2005	AGRANA Beteiligungs-AG	72,00	79,60
2005	Sparkassen Immobilien AG S-Immo Invest, GS	89,00	90,00
2005	Intercell AG	5,50	5,80
2005	SCHOELLER-BLECKMANN Oilfield Equipment AG	18,00	18,75
2005	conwert Immobilien Invest AG	13,20	13,30
2005	Raiffeisen International Bank-Holding	32,50	39,85
2005	ECO Business-Immobilien AG	10,60	10,60
2005	SW Umwelttechnik Stoiser & Wolschner AG	35,00	41,75
2005	Immofinanz Immobilien Anlagen AG	6,90	7,17
2005	SEG Immo AG	7,25	7,24
2005	CA Immobilien Anlagen AG	20,20	20,36
2005	BÖHLER-UDDEHOLM AG	100,00	103,80
2005	Sparkassen Immobilien AG S-Immo Invest, GS	90,00	90,50
2005	Immoeast Immobilien Anlagen AG	6,90	7,09
2005	Immoeast Immobilien Anlagen AG	6,90	7,17
2005	ECO Business-Immobilien AG	11,20	11,28
2005	CA Immobilien Anlagen AG	20,85	21,00
2005	Sparkassen Immobilien AG	8,40	8,50
2005	conwert Immobilien Invest AG	14,15	14,20
2005	WIENER STÄDTISCHE Allgemeine Versicherungs-AG, St	49,00	50,80
2005	Frauenthal Holding AG	140,00	161,11
2005	Sparkassen Immobilien AG	8,40	8,64
2006	Erste Bank der oesterr. Sparkassen AG	45,00	45,95
2006	Erste Bank der oesterr. Sparkassen AG	45,00	48,32
2006	JoWood Productions Software AG	1,50	3,02
2006	BETandWIN.com Interactive Entertainment AG	95,00	98,38
2006	ECO Business- Immobilien AG	11,70	11,70
2006	BRAIN FORCE HOLDING AG	3,10	3,40
2006	conwert Immobilien Invest AG	14,90	15,45
2006	IMMOFINANZ IMMOBILIEN ANLAGEN AG	8,25	8,49
2006	Oberbank AG, St	92,00	97,8
2006	IMMOEAST IMMOBILIEN ANLAGEN AG	8,25	8,20
2006	ECO Business- Immobilien AG	11,95	11,93
2006	HTP High Tech Plastics AG	4,00	4,07
2006	Sparkassen Immobilien AG, St	8,55	8,58
2006	CA Immobilien Anlagen AG	21,15	21,30
2006	Intercell AG	12,36	13,40
2006	Sky Europe AG	1,75	2,12
2006	CA Immo International AG	13,5	14,85
2006	Austrian Airlines Österr. Luftverkehrs-AG	7,10	7,10

2006	BENE AG	5,50	5,50
2006	ECO Business- Immobilien AG	12,80	13,00
2007	DO & CO Restaurants & Catering Aktiengesellschaft	82,00	96,01
2007	Conwert Immobilien Invest AG	15,50	16,30
2007	Teak Holz International AG	9,00	9,92
2007	CA Immobilien Anlagen Aktiengesellschaft	23,25	24,75
2007	Immoeast AG	10,20	10,68
2007	ECO Business-Immobilien AG	11,00	10,79
2007	Raiffeisen International Bank-Holding AG	104,00	116,15
2007	Wienerberger AG	45,00	46,70
2007	Strabag SE	47,00	54,19
2007	Christ Water Technology AG	11,10	11,25
2008	Wiener Stadtische Versicherung AG Vienna Insurance Group	49,50	48,65
2008	HTI High Tech Industries AG	4,00	3,10
2008	Austrian Airlines AG, St	kA	5,96
2008	UNIQA Versicherungen AG, ST	15,50	16,95
2009	KTM Power Sports AG	25,00	15,50
2009	ATB Austria Antriebstechnik AG	16,00	8,00
2009	Wienerberger AG	10,00	13,86
2009	Warimpex Finanz- und Beteiligungs AG	2,25	2,24
2009	Oberbank AG, St	34,72	42,40
2009	BKS Bank AG, St	15,75	17,69
2009	HTI High Tech Industries AG	1,00	0,88
2009	Allgemeine Baugesellschaft - A. Porr AG, St	135,00	125,00
2009	Erste Group Bank AG	29,00	29,73
2009	UNIQA Versicherungen AG	13,26	13,00
2009	Intercell AG	31,21	25,91

Tabelle 14: Vergleich des Bezugspreises mit dem Erstnotizpreis[311]

---

[311] Quelle: eigene Darstellung.